COLECCIÓN TIERRA FIRME

LA CULTURA PERUANA
Experiencia y conciencia

JULIO ORTEGA

LA CULTURA PERUANA

Experiencia y conciencia

FONDO DE CULTURA ECONÓMICA

MÉXICO

Primera edición, 1978

D. R. © 1978 Fondo de Cultura Económica
Av. de la Universidad, 975; México 12, D. F.

ISBN 968-16-0185-8

Impreso en México

PRÓLOGO

Este libro propone una meditación sobre la experiencia cultural de mi país. Asume que esa experiencia es específica y como tal una versión característica del Tercer Mundo frente a las culturas que son tradicionalmente hegemónicas y dominantes.

No sostiene, sin embargo, una originalidad particular; tampoco un repertorio disciplinario que privilegie cualquier voluntad de verdad. Una teoría posible del Perú postula más bien su condición latinoamericana como ámbito de realización. Y sobre el paisaje de los repertorios (el de la historia pero también el de la literatura) se moviliza la voluntad crítica de una escritura del cambio.

Sin ser una totalización de la cultura lo que aquí se formula, sino precisamente su discontinuidad, en lo posible se ha tenido presente tanto el movimiento configurador de la práctica social como las formaciones culturales populares. Para ir más allá de las teorías de la defectibilidad peruana es preciso reconocer una cultura cuya naturaleza no es solamente problemática sino también una alternativa que responde por nosotros; la cual nos toca objetivar en el ámbito del discurso social. Modelo crítico que corresponde a una comunidad que de distintos modos recusa la dominación y la dependencia.

Pero este ensayo de crítica cultural no intenta tampoco ser sistemático, pues deja muchas zonas sin cubrir, y quisiera, más bien, proseguir una reflexión hoy actualizada por los dilemas de nuestros países y la convergencia de nuestras difíciles opciones. Por eso, también puede ser leído a la luz de otros intentos asimismo fragmentarios, que trabajan sobre la producción de un discurso cultural nuestro, allí donde coinciden las versiones del cambio y las interrogaciones de la nueva sensibilidad latinoamericana.

Si la experiencia cultural peruana se elabora a su vez como lenguaje de la conciencia constitutiva, la ambición de este libro sería haber anotado algunos instantes de su decir dramático y liberador. Habría así logrado su mayor indicio del cambio: el diseño de una utopía de la crítica. Esto es, dar una imagen a la impugnación.

JULIO ORTEGA

1

Los PERUANOS hemos sido parcos en pensarnos a nosotros mismos. No hemos reconocido aún los signos plurales de la conciencia nacional. Esos signos, sin duda, existen. No como el retórico y romántico "espíritu de los pueblos". Tampoco como un subsidiario "carácter nacional". Más bien, como los rasgos virtuales de una comunidad histórica, definida por sus necesidades, por sus frustraciones, por la suerte dramática que ha vivido el *deseo nacional*. Y una historia del deseo entre nosotros (el deseo de la personalización y sus tragedias; el deseo de la emancipación y sus debates; el de la identidad y su dispersión) sería ya un posible relato de esta experiencia peruana. Experiencia que vivimos y nos vive pero a la cual todavía no hemos definido por entero, como sujeto crítico y objeto conflictivo, en trance de reconocerse y de ser.

Las fuentes de esa experiencia nacional —que sólo podemos entender en su ámbito hispanoamericano— están en nuestra conformación histórica y en nuestras convergencias y divergencias como sociedad. Y están también formalizadas en las versiones que sobre el país han propuesto nuestros escritores de cualquier tiempo. Entre ellas hay dos que nos son fundamentales: las versiones que sobre la experiencia peruana nos entregaron el Inca Garcilaso de la Vega y el cronista indio Guamán Poma de Ayala.

Estos dos fundadores de la reflexión americana son también los primeros peruanos cabales: se interrogaron sobre su propia existencia a partir de su experiencia nativa. Y lo hicieron en una interrogación más amplia y reordenadora: la pregunta por la discordia cultural que habían vivido; y la cultura, en sus obras, es el centro configurador de la misma realidad. Su origen problemático, su belleza y también su tragedia.

Todo difiere entre los *Comentarios reales* del Inca Garcilaso y la *Nueva coronica y buen gobierno* de Guamán Poma, como difieren también sus aventuras personales; pero asimismo, otros hechos, otras resonancias, los vinculan.

El Perú de Garcilaso tiene dos rostros, dos destinos, que él sutilmente confronta: el país utópico de la armonía social lograda por el buen gobierno de los incas, y el país actual de los españoles donde la historia se ha vuelto errática. Por un lado, hay una experiencia arquetípica, que funda las normas de la civilización a partir de la tolerancia y la vida plena para todos; por otro, la irrupción de la actualidad, el vértigo de los hechos. Al centro de ambos mundos está la lenta configuración del mestizo; personaje todavía marginal que Garcilaso recupera desde su propia biografía cultural. De hecho, es el mundo paradigmático de los incas lo que Garcilaso nos propone como un modelo armónico nacional: por eso, en su recuento del incario confluyen la voluntad utopista y la crítica histórica que refracta aquella voluntad para hacerla gravitar sobre un proyecto de país, el Perú, cuyo nacimiento el Inca imagina y diseña.

En cambio, la experiencia peruana que testimonia Guamán Poma de Ayala es la permanente zozobra de la diáspora. Él mismo elige recorrer el país para escribir su "Carta al Rey", un monumental informe sobre la desarticulación de la vida nacional. Este informe precisamente se sitúa entre las dos versiones de los *Comentarios* de Garcilaso: entre la armonía del incario y el estatuto histórico que genera la conquista. En lugar de la mirada armónica que reconstruye un mundo o una historia, Guamán Poma elige la mirada alucinada: el relato de los pueblos y los hombres, de las instituciones y las clases; y así arma el gran fresco de la vida cotidiana, la versión trágica de una realidad que él entiende como *un mundo al revés*.

Esa vida nos conmueve con su inmediatez, con su presencia vertiginosa. Una verdadera conmoción social ha trastrocado todos los órdenes, y los hombres experimentan una historia que pierde sus orígenes y carece de nuevos fines

10

poseída por la dispersión. De allí el dramatismo del relato: *había tanto dolor,* concluye Guamán, *que era cosa ya de reír.* La existencia se torna absurda.

Y sin embargo, un propósito coordina por dentro el delirio del testimonio: el de explicar ese mundo del sin sentido porque el cronista sabe que el sentido es posible. El orden del universo es también el orden social, y el centro de esa coherencia es el *buen gobierno.* La experiencia nacional se ha fracturado: es una pérdida profunda, la pérdida de un centro de gravedad y de sentido. Por ello, la tarea que asume Guamán Poma es del todo creadora: decide recorrer él mismo el extravío nacional, escribir la errancia y el azar; para proponer, con la escritura y con la denuncia, el otro orden de la crítica, el *nacimiento del discurso crítico.*

Así confluyen Garcilaso y Guamán: en la fundación del entendimiento crítico de la experiencia peruana. El primero, desde la imaginación crítica que propone una realidad paradigmática. El segundo, desde la descripción impugnadora, que propone una realidad depredada. Ambas manifestaciones de la crítica presiden nuestro entendimiento de la condición nacional.

11

2

"Nos DIMOS a la vela y salimos del Perú", dice la primera línea de *La nueva Atlántida* de Francis Bacon: el camino hacia la Utopía parecía más verosímil si tenía como referencia o punto de partida un país como el Perú, cuyo solo nombre evocaba una realidad de por sí utópica. Esa tradición había nacido de la leyenda de una región remota y suntuosa, propagada por los cronistas castellanos; la vieja Atlántida de Platón emergía —como un nuevo sueño de la razón humanista— en tierra americana: también la *Utopía* de Tomás Moro se vincula al Nuevo Mundo. Pero si la utopía de los humanistas fue la construcción imaginaria de un mundo perfecto, que implica una crítica a una realidad perfectible, la utopía de los cronistas españoles y americanos es de otro signo; más concreta por un lado (hay una topografía explorada), y más irreal por otro (nos promete al fin de su recorrido el encuentro de Eldorado, la Fuente de la Juventud, o directamente describe el lugar preciso del Paraíso adánico). La utopía clásica es un texto que se remonta a un tiempo y un lugar improbables; la utopía castellana es un discurso que funde los tiempos y explora una tierra prometida.

Por otra parte, la utopía de los humanistas se nos aparece ahora no sólo como un sueño de la razón sino, más decisivamente, como la versión optimista de cierto pesimismo: actúa como una imposibilidad ejemplar, como la forma didáctica de una crítica que se hace alegórica. Y ese es, por cierto, el sentido tradicional de la palabra utopía. Más tarde será usada como sinónimo de idealismo irreal: supondrá una escisión fantástica, aquello que se opone a lo oficialmente razonable. Pero para nosotros tiene una noción más compleja. En su sentido moderno la utopía aparece como la vinculación de la crítica y el deseo, como la síntesis del sueño y la lucidez. Si hoy nos importan las utopías es porque en su reclamo habita la necesidad de una realidad más genuina: de allí su sesgo inconformista. Construcción ficticia, forma de la imaginación crítica contemporánea, la utopía se convierte en una respuesta tanto a las transigencias de la política como al malestar del nihilismo, gracias a su cuestionamiento y promesa. Todavía no hemos estudiado la naturaleza peculiar de la utopía castellana: esa América donde los cronistas aseguran haber visto a la vez el jardín edénico y el demonio, posee en la crónica —en este género del viaje que historia también la fantasía— no sólo la descripción polar del oro abundante y el mito del origen: sobre todo posee la descripción utopista del *buen gobierno*. Para exaltarlo o para añorarlo, el mito del "buen gobierno" seduce a los cronistas. El Inca Garcilaso de la Vega, precisamente, organiza su relato desde esta perspectiva.

La crítica tradicional sobre los *Comentarios reales* de Garcilaso ha discutido si estamos ante una obra histórica o si más bien su valor de fuente documental es escaso; y de ser entendido como la versión más fiel, el libro pasó a ser leído como un discurso nostálgico y parcial. Pero esta discusión nos resulta limitada, pues se desentiende de un hecho que hoy nos es más claro: allí donde los *Comentarios* colindan con la historia y la ficción, en verdad confluyen en una versión de la utopía incaica; el encuentro de la historia y la utopía funda, naturalmente, una literatura mítica: una versión coherente y suficiente de la realidad referida, que adquiere en el lenguaje su prisma de conjunciones y revelaciones, su vida de poesía en la Historia.

En efecto, la especial naturaleza de los *Comentarios reales* va más allá de la crónica habitual en su período histórico. Se basa evidentemente en la historia: en las relaciones que el Inca pudo oír, en los episodios que él mismo vivió, en los informes que al parecer pidió a sus amigos y parientes del Cuzco; en este sentido, nos ofrece la historia como una derivación de la biografía, o al menos la biografía personal es la perspectiva que refracta una historia colectiva, en la

13

que él mismo está implicado como *el testigo*, como *el intérprete*. De hecho, para la primera parte de los *Comentarios* (el relato incaico) la perspectiva es la de una biografía cultural. En este proceso, la obra se va haciendo desde la memoria de lo oído en la infancia y adolescencia, desde el conocimiento propio de la lengua nativa, el quechua aborigen, en la relación familiar de un mundo al que se debe. Como se ha dicho, el Inca coincide en sus mecanismos de relato con la tradición de la crónica histórica: la historia clásica, pero también la crónica histórica española. En el catálogo de la biblioteca del Inca no aparece ninguna obra directamente utópica, pero sí varias de historiadores y cronistas italianos, de formación neoplatónica, como lo fue, y de modo esencial, el propio Inca, traductor de los *Dialoghi d'amore*, de León Hebreo, lector de Boiardo y de Ariosto.

Sabemos que la composición de la obra fue realizada en la edad madura, y todo indica que se produce en un amplio espacio de tiempo. El relato es, por ello, discursivo: se mueve con un ritmo sosegado por la memoria, con su delectación y con su melancolía. La coherencia y proceso del mismo es así notable: incluso es visible una distribución hábilmente organizada, una estructura rica en recursos narrativos, como la interrupción del relato de la defensa del Cuzco; o como la historia de Aguirre, que Luis Loayza comenta en una ilustrativa comparación con Ricardo Palma, quien había recuperado al personaje. Pero el fluir de la memoria tiene su propio movimiento circular, sus incisos y desarrollos, su habla continua; y en ella escuchamos también el rumor de la historia que se nos cuenta: rumor de un coloquio casi confesional pero asimismo prudente; lenguaje que transparenta un mundo ya perdido, el que recupera al mismo tiempo en su nobleza, en su construcción arcádica. Al proponerse la existencia legendaria del Perú, Garcilaso escribe así una historia no menos verdadera: la crónica de un lenguaje de la utopía. Esa otra verdad se convierte en la suya.

Se ha afirmado que el Inca prefirió creer que antes del imperio no hubo en el Perú otras civilizaciones; pero como

14

explica José Durand, compartía esa creencia con su tiempo: la mentalidad renacentista del Inca dividió los tiempos en una edad salvaje y en otra incaica, civilizadora. Esta es una de las convicciones que justamente suscita su visión utópica: los primeros capítulos del libro se demoran en la descripción característica de esa previa edad oscura. El mito del "buen gobierno" adquiere su esplendor ante un tiempo primitivo que ignoraba la organización de "la política", idea renacentista que el Inca a menudo maneja y, típicamente, valora como esencial: la política es el arte de combatir a los animales, había enseñado Platón. En aquella edad salvaje "gobernaba el que se atrevía y tenía ánimo para mandar a los demás, y luego que señoreaba, trataba a los vasallos con tiranía y crueldad, sirviéndose de ellos como de esclavos, usando de sus mujeres e hijas a toda voluntad, haciéndose guerras unos a otros". Mundo desarmónico en el que los Incas instauran la norma: ya el nombre del fundador del imperio, Manco Cápac, quiere decir "rico... de ánimo, de mansedumbre, piedad, clemencia, liberalidad, justicia y magnanimidad y deseo, y obras para hacer bien a los pobres". "Urbanidad, compañía y hermandad" definen al buen gobierno: no en vano los incas plantean sus conquistas desde la paz, proponiendo su civilización y su orden social. El ánimo de un Inca es "liberal y magnífico, manso y amoroso"; definición, sin duda, de todo rey genuino para Garcilaso. Tampoco es casual que se refiera extensamente al usurpador y último Inca, Atahualpa: la usurpación contradice el buen gobierno del mundo; la armonía no concluye sólo con los españoles, se ve negada ya en la disolución del poder legítimo. La descripción de la arcadia histórica se transforma en la virtualidad del gobierno utópico.

Los capítulos iniciales que relatan el mito del fundador Manco Cápac, unen la leyenda con la historia, y las identifican en la utopía: el esquema del gobierno civilizador —la imagen del paraíso patriarcal— irá a presidir la crónica de los demás gobiernos en un proceso que se reitera. Por eso, aquel mundo mítico es asimismo un discurso histórico: fluye en la sucesión de los bienes que se amplían y las tribus que se benefician, pero mantiene el esquema de la fundación original, el privilegio de un arquetipo que se actualiza.

Todo ocurre como si Garcilaso hubiera entendido la existencia de dos historias. Una, la concreta y suya, que se le aparece en la sucesiva derrota del imperio y de su linaje, y en la guerra civil permanente que vivió en el Cuzco. Esa transición y alarma se traduce también en su condición de mestizo; es descendiente directo de la familia imperial incaica y de una tradicional nobleza española, pero siendo un mestizo está desplazado de todo reconocimiento oficial. Al final, sin duda desengañado, se entrega a su propia recuperación en el retiro de la obra, a la que se fía. Pero detrás de esta continua visión del desencanto histórico, de esa historia como errancia y extravío, Garcilaso vio fluir la otra versión, más suya: la existencia de un mundo armónico y perdido, un exótico mundo periférico que él se atrevía a proponer a Europa como ejemplar y dichoso. De aquí que la escritura se convierta en su respuesta decisiva, la vocación literaria en su última tierra firme. Harnold V. Livermor ha visto con justeza que la obra de Garcilaso se desarrolla en un peculiar contexto: el medio literario de la Andalucía de su tiempo, donde historiadores y literatos coinciden en hacer de la erudición una forma apasionada de la vida intelectual; como en ellos, en el Inca esa vocación se cumple radicalmente.

Riva Agüero entiende que el relato que hace Garcilaso de las guerras civiles de los españoles del Cuzco sugiere la versión de un vacío del poder; y que lo mismo ocurre cuando describe el asesinato de Pizarro en Lima. No es arbitrario pensar que la sensibilidad histórica de Garcilaso se muestra aquí agudamente: esa vida de la historia de pronto sin sentido, está en la disolución misma del mito del incario. Y se percibe igualmente en la situación social y cultural de los mestizos, que padecen la crítica de la autoridad colonial y la ausencia de todo destino nacional. Garcilaso reivindica para sí el despectivo epíteto de mestizo —"me lo llamo yo a boca llena y me honro con él"—, así como afirma siempre su condición de peruano. En 1563 hace un intento de volver al Perú, y todavía en 1593 escribe en una carta: "Y a lo que V. M. dice del viaje de Indias, digo resumidamente que antes hoy que mañana, y al Perú, antes que a otras partes. . ." Pero la recuperación de su patria sólo podrá producirse ya en la escritura, que se cumple en ese contexto de la crítica oficial a los mestizos acaso como su respuesta. No hay que olvidar que el Consejo de Indias prohibió sus libros a fines del siglo XVIII (luego de la sublevación de Condorcanqui) aduciendo que "aprenden en ello los mestizos muchas cosas inconvenientes". Ha peleado en la sublevación de las Alpujarras con Juan de Austria (quien lo recomienda con Felipe II) y ha obtenido antes de los 30 años el grado de capitán; está emparentado con una familia poderosa —su tío Alonso de Vargas le dejará una herencia—, pero la frustración de sus reclamos como heredero de su padre y de su madre le produce un grave desencanto, y en este sentido el exilio sólo hace volverlo al "amor natural de la patria"; a la obra, por lo mismo. Riva Agüero cree ver en el libro algunas referencias contemporáneas en las que el Inca criticaría la crueldad de Felipe II en dos sublevaciones. Pero si se sintió probablemente desposeído en el reconocimiento de su linaje, en los bienes que por madre y padre le correspondían, no parece haberse sentido el producto de una derrota histórica sino más bien la conjunción de una historia y cultura dobles, situación no menos paradójicamente contraria para él, señal de su extrañamiento. En su ejemplar de los *Tratados* del Padre De las Casas, su amigo Diego de Córdova anotó reveladoramente: "de ordinario decía [Garcilaso] que no le lucía su hacienda, por haberse traído de las Indias y habérsele quitado a aquellas gentes, contra derecho, y a este propósito citaba este libro".

Baudin creyó que el socialismo del imperio incaico suponía una existencia reglada y esquemática, finalmente monótona; su estudio de los incas deduce esa opinión pesimista. Pero en la narración de Garcilaso esa vida cotidiana tiene otro sesgo. Su construcción mítica es a tal punto coherente que define incluso la tonalidad de la existencia diaria, porque la escritura de ese mundo no ofrece fisuras y su plenitud la conduce. Ese tono no es otro que el código de la nobleza: la "suavidad del gobierno", que se deleita en pintar, se proyecta como un paisaje natural a todos los actos. Se ha observado que el Inca empleaba un castellano arcaizante en relación al de su tiempo; y ello puede reflejar su aprendizaje cuzqueño, en la lengua de los conquistadores, o una norma provincial, en su retiro andaluz. Aunque no es desdeñable suponer que se relaciona también con su temprana lectura de las novelas de caballería, que declara haber gustado. Pero, mejor aún, cabe suponer que el matiz arcaizante viene dado desde aquel código, desde la sencilla grandeza del recuento de un mundo magnífico. Si su idea de la honra le hace creer en la dignidad del callar, en la mesura del silencio, su manera de referir los actos humanos lo obliga a una resonancia gentil, que le es característica; detrás de la llaneza asociativa del coloquio y de las convenciones de la retórica, su estilo fluye con serena certidumbre. Porque la versión del Inca es también una interpretación moral de la historia: los hechos no se dispersan en el azar histórico —como a menudo ocurre con los otros cronistas— sino que los recupera en una correlación y sucesión armónicas.

"Autoritario, burocrático y socialista —dice Toynbee del imperio incaico—, a un grado al que quizás no se aproxima ningún otro estado en cualquier lugar o tiempo." Nos dice también que destruida la estructura burocrática por los conquistadores, ese imperio se desintegró de inmediato; y ciertamente todavía hoy el Perú es el testimonio de esa ruptura cultural. "Documento en sí mismo: uno de esos documentos humanos que pueden ser más iluminadores que cualquier relación inanimada", afirma Toynbee del Inca. Porque el mundo andino tanto como el mundo occidental se reescriben en su relato. En su visión utopista, que virtualiza el pasado, se percibe el brillo y la conjunción de esas culturas: la perspectiva renacentista y platónica que lo anima, su concepción

18

de un universo regido por la dignidad humana y la razón armónica; y su añoranza de una patria más suya en el cultivo de su formulación legendaria, la recuperación de su propio tiempo en ese tiempo original. Asimismo, en esa visión radica su drama: la respuesta solitaria a aquella disolución cultural, la ternura de la reconstrucción arcádica, la añoranza de una norma colectiva. Pero la respuesta personal del Inca trasciende su propia situación marginal y se convierte en un lenguaje, en una escritura mítica y fundadora. Garcilaso inaugura la historia de nuestra imaginación crítica.

PARA comunicar un entendimiento más cabal del país nos falta una nueva lectura de sus fuentes: nos falta reordenar los materiales que conforman la memoria colectiva de un país precisamente despojado de su capacidad de reconocerse. Todo en la historia republicana y casi todo en la historia intelectual del Perú ha tendido a constituirse como una discontinuidad desprovista de articulaciones mayores y, asimismo, carente de un proceso de interiorización nacional.

Esa vida peruana disuelta en la errancia histórica y en la fragmentación cultural no podía, por ello, formularse como un proyecto colectivo de reconocimiento y, mucho menos, como la búsqueda de una personalización compartida.

Los modelos culturales y los valores jerárquicos entre los que se podía optar, no hacían sino confirmar que el país estaba depredado como tal por la feroz dominación de un orden de clases y castas. Los modelos de la burguesía que tiñeron a las clases medias, convirtieron al país en una disputa de enmascarados: las clases parecían diversificarse en la movilidad social y cualquier peruano era un cliente burgués. El tradicional pensamiento reaccionario de una oligarquía que no pudo salvar la vida, se expandió, sin embargo, como una visión del mundo capaz de reconversión.

Esa inautenticidad es nuestro cordón umbilical. Y sólo un largo trabajo en todos los frentes, porque de ganar un país se trata, logrará devolver al Perú la salud del reconocimiento y la memoria de sí mismo.

Trabajar sobre la cultura peruana en un proceso de articulación que busque manifestar sus materiales, significa producir el discurso que nos elabora. Se trata de proponer nuevas relaciones entre nosotros y los hechos de la experiencia y la imaginación peruanas: nuevas relaciones en un espacio de nuestra identidad como interrogación. Espacio que de ese modo cuestiona nuestra carencia al reclamar por su plenitud.

Esta nueva lectura de las fuentes compromete nuestro pasado porque debemos asumirlo como un discurso donde está presente nuestra actualidad. Así lo hacemos legítimo y recobramos cada una de sus convocaciones; esto es, el drama de su marginación.

Para ello, nos falta ordenar nuevas colecciones documentales que propongan la lectura de la experiencia nacional como un debate crítico. No se trata de "devolver la cultura al pueblo" ni de "iniciar al pueblo en la cultura". Más bien, se trata de manifestar la cultura popular como la otra conciencia del país. No somos un lector único sino varios públicos de lectores: cada uno con experiencias distintas del país, que al objetivarse como conciencia ensayarán su articulación mayor, que será nacional.

La cultura peruana no está fuera de nosotros: empieza en nuestro mismo uso del habla, y la vivimos fragmentaria y a veces culpablemente, ignorando amplias zonas de su existir dichoso y dramático. Cuando esa cultura haya logrado comunicar la emergencia de su voz, habremos también empezado a realizarnos en ella.

EN EL Inca Garcilaso, para ser legítima, la experiencia peruana buscó ser universal: el buen gobierno es el orden humano por excelencia, y el hombre del Perú lo conoció como una virtud (por ello su experiencia es ejemplar) y como una pérdida histórica (y por ello es también un reclamo); así, la vida peruana se somete al juicio de la cultura sumaria: cada instancia de su registro es validada en el interior mismo de la cultura occidental.

En cambio, en Guamán Poma de Ayala para ser legítima la experiencia peruana se hace regional: el buen gobierno se ha extraviado y el peruano vive la pesadilla del desorden del mundo; se han perdido los principios del reconocimiento común y los hombres se han vuelto desconocidos. Sin embargo, en ese registro de la experiencia más minuciosa Guamán Poma funde el ordenamiento ideológico de los invasores en los esquemas indígenas; con lo cual termina proponiendo la regionalización de un modelo universalmente privilegiado. Su propósito no es hacer creíble un mundo excepcional; su propósito es sostener una incorporación cultural desde las bases propias, y lo hace en medio de la zozobra de la dispersión.

Pero cuando Juan del Valle y Caviedes (1652-1694) escribe su testimonio de la experiencia peruana, han transcurrido ya tanto la añoranza del reino armónico como el vértigo de la invasión. En la Lima de su tiempo Caviedes testifica otra cosa: la existencia peruana se ha convertido en una existencia tributaria. Los hechos, los deseos, las conductas carecen de veracidad. Ilustran la comedia humana colonial. La mentira se ha convertido en la pauta de relación que impone el juego de las apariencias en la farsa mayor de los valores copiados, duplicados, caricaturales.

De allí la sátira hiperrealista de Caviedes. Como Quevedo,

ve la sordidez con una suerte de violencia moral; pero la ve en el simulacro de la vida social. Por eso su realismo suele ser más verosímil que poético, más testimonio exacerbado que ficción.

Caviedes nos dice que nuestras vidas, en el Perú, están a punto de ser paródicas. Somos la copia de un original remoto, pero una copia desmesurada. Al repetir los arquetipos y valores de la metrópoli, los duplicamos con prolijidad. Carecemos de identidad propia (como "el pobre" de su poema, cuya naturaleza es una carencia de lugar, erradicado incluso del lenguaje) y la suplimos con la retórica; con el énfasis, en el laberinto de las apariencias que un sistema de castas convierte en ley y marca condenatoria, en destino y sumisión.

Así, vivimos una representación permanente. La comedia peruana de Caviedes está hecha de falsos atributos y supercherías, de lugares comunes artificiales y primitivismo, de jerarquías y miseria moral. Pero sobre todo está hecha de la zozobra constante de esa misma apariencia normativa. Porque el error amenaza a una herida conciencia del amor propio en una sociedad deformada por su jerarquización egoísta.

De ese modo, la representación colinda con lo grotesco. Para ser fiel, la representación debería ser totalmente falsa; siendo falsa, sería real. Porque la representación limeña es una verdad a medias: no hay un reino sino un virreinato; no hay una nobleza sino una violencia refrendada como nobleza; no hay identidad sino máscaras. Una representación amenazada por la zozobra de su condición paródica, y que por ello redobla todo el repertorio de sus disfraces.

En Caviedes, nos posee la tontería. Las fórmulas compartidas por la sociedad son fórmulas banales: Lima se revela como una minuciosa estafa común. La experiencia no conoce otras referencias que no sean las del pacto de una farsa mutua que entre sí los limeños suscriben persiguiendo un papel protagónico.

Este espectáculo está en la base no sólo del registro social de Caviedes sino, sobre todo, en el extraordinario poder del sentido común que él maneja. Caviedes se nos aparece enteramente moderno: la inteligencia es su punto de vista; el sentido común, su medio de análisis; la racionalidad, su opción.

Su perspectiva, por lo mismo, supone la primera convocación crítica para un análisis de la existencia social peruana en su naturaleza colonial.

La crítica ya no es una virtud de la imaginación creadora, como en Garcilaso, ni una nitidez del testimonio, como en Guamán Poma de Ayala; la crítica ahora es una virtud de la denuncia de las relaciones humanas pervertidas por su escamoteo de la inteligencia. Es decir, el rechazo de la inautenticidad como norma y el reclamo de un diálogo veraz entre los hombres.

Esta exigencia de certidumbre cotidiana define al lenguaje crítico de Caviedes. Es en la necesidad de la certidumbre donde radica la primera crítica a la condición colonial. En contra de la parodia, Caviedes nos propone la racionalidad; en contra de la farsa social, el realismo de los hechos; en contra de la clase dominante, la universalidad del individuo. Por eso, cuando lo eligen para pronunciar un discurso de recepción a un nuevo virrey en San Marcos, contra todas las normas mitologizantes su discurso es una protesta irónica por el encarecimiento de los productos básicos.

Así, también Caviedes es un fundador y, como el Inca Garcilaso y Guamán Poma de Ayala, nuestro contemporáneo; estas tres formas de la crítica, estos reclamos por hacer más genuina una experiencia americana, son de su tiempo y del nuestro, y poseen todo el poder de su convocación. Es la actualidad de ese origen lo que nos asegura la posibilidad de objetivar esos reclamos.

5

No SOLAMENTE hay un carácter probatorio en el universo verbal de la Crónica de Indias: también hay un carácter improbable; y este discurso imaginario no es menos documental de la experiencia del Nuevo Mundo que testimonian sus actores, por igual poseídos por la necesidad ya americana de vivir la historia como una memoria de lo inédito.

Podemos, pues, reconstruir la geografía del descubrimiento a través de este lenguaje animado por el sentimiento de un primer día salvaje y también espléndido. Pero igualmente podríamos reconstruir el mapa de la imaginación que conduce a ese discurso a través de la promesa de un mundo, abismado por su condición inédita. El testimonio de cada paso se convierte en memoria del próximo umbral, y, en ese límite que se abre, el lenguaje no puede sino liberarse en la fantástica adivinación de una realidad cuyas leyes la memoria o la tradición cultural ya no pueden descifrar. Por eso, ante el enigma americano, el cronista, sin proponérselo, se ha convertido al lenguaje de su propia imaginación.

Una arqueología del discurso de la Crónica podría hacer creer que su origen español no permitía prever esa irrupción de un centro fantástico. Por un lado, la tradicional crónica histórica española se produce, frente a sus modelos clásicos, como el ordenamiento de una memoria nacional que era preciso articular como discurso probatorio. Esa crónica hispánica actúa como el archivo del origen legitimador.

En cambio, la crónica americana, desde la primera carta de Colón hasta la última página limeña de Guamán Poma, es una apelación al porvenir. Así, la mueve el íntimo mecanismo de un universo transitivo, por hacerse o por rehacerse. Como reveladoramente ocurre en la visión de una América convertida en futuro centro de la Cristiandad, que al parecer animó a Bartolomé de las Casas. Por otro lado, esos crédulos soldados de minucioso discurso sólo en la experiencia de ese espacio virtual revelan, de pronto, aquel centro imaginario que no parecen haber ejercitado en su dura tierra española.

Se ha hecho con detalle el registro de ese deslumbramiento pero todavía nos falta conocer la naturaleza imaginaria de un discurso topográfico que funde las pautas culturales con el deseo descubridor; el registro nominador con el testimonio de excepción. Es en esa zona productora donde debemos buscar la raíz inductiva no sólo de una experiencia histórica sino de una visión de la realidad, ampliada por las palabras; por esa escritura imaginaria que, como pocas veces en la suerte del conocimiento, logró contaminar su discurso al punto de reformularlo desde el deseo.

Sin ironía, razonablemente, Humboldt creyó que la búsqueda de Eldorado fue condicionada por los efectos de una cartografía rudimentaria. Eldorado se fue desplazando en los mapas hasta hundirse en el mar. Sus buscadores fueron tras la ciudad, pero en la fantástica inserción de un mapa improbable y una geografía de lo inédito. Eldorado, finalmente, es una palabra que concluye en el mar. Pero sobre todo, es el corazón del Perú: la inserción del hombre español y la tierra peruana en la experiencia geográfica de la imaginación. No en vano en su informe presuntamente científico, Antonio de Ulloa y Jorge Juan, cuando llegan a una Lima totalmente destruida por otro terremoto, no pueden sino anunciarnos que describirán la ciudad tal como en su fama fue, tal como si continuase en pie. En esa página espléndida la imaginación sustenta a la realidad. Esto es, un discurso virtual se actualiza a sí mismo.

Pero no se trata de deslindar simplemente los planos imaginarios y las pautas verosímiles en la Crónica sino, más bien, de reconocer la fusión mayor de esos términos en la producción peruana de un lenguaje español que, desde su primer día americano, ya no sería jamás el mismo. Es la naturaleza de ese nuevo discurso, lo que nos permite entender que en nuestra fundación verbal se produce ya la clausura de la repetición y el inicio del cambio. Esta condición define desde este origen nuestra concepción misma de toda formalización del lenguaje: una realidad siempre virtual nos reclamará las nuevas versiones de su registro y su entendimiento; y, en esa operación, el pensamiento sobre el país no podrá sino cuestionar el *corpus* de las disciplinas humanas, el propio orden del registro expositivo, para ensayar permanentemente versiones subvertidas por el cambio. Nuestra tradición cultural, por ello mismo es una virtualidad. Una sucesiva convocación que trabaja el conocimiento de nuestra realidad en las promesas del cambio. Así, la experiencia peruana es una metamorfosis inteligible a través del acontecimiento cuestionado.

6

EL SENTIMIENTO del cambio subvierte nuestra experiencia misma del país. No sólo porque hayamos vivido el acontecimiento como una ruptura; también porque esa transformación remite al centro de nuestra condición histórica, aun cuando el acontecimiento carece de desenlace. De lo que se trata, entonces, es de la percepción temporal que maneja nuestra concepción del país: de la memoria siempre actual, siempre viva, que nos hace contemporáneos de todo nuestro pasado.

Para cualquier europeo de hoy la historia de sus siglos XVI o XVII es una historia remota que no compromete su visión nacional y mucho menos deduce su compromiso con un sistema cultural. Todo lo contrario ocurre entre nosotros; esos siglos son enteramente de hoy, y de nuestra asunción de los mismos depende la versión del futuro nacional que podamos proponer.

Fundación que acontece como una ruptura. El famoso "encuentro de dos mundos" es en rigor un cataclismo del orden cultural, pero no se resuelve simplemente como una fusión sino, más bien, como un conflicto cuyos términos tendremos que replantear para entender mejor la condición misma del discurso nuestro. De allí que la fractura cultural irá a extenderse a cada una de las expresiones de la vida peruana, como el interior de un cambio constante, donde unas pautas son privilegiadas y otras depredadas; pero donde no se produce una sintaxis integradora sino una alternancia de exclusiones y, en ella, una doble pérdida del país: la del país diseñado por la administración central y la del país que coexiste marginalmente, siendo su propio testimonio del cambio, en la periferia de la sobrevivencia.

Todo en el Perú sigue siendo indicio inmediato de la Conquista, como anotó Toynbee, y no porque vivamos un presente congelado, como a primera vista podría parecer, sino porque vivimos la presencia del cambio mismo, el drama de sus términos sin desenlace.

Para nosotros los tiempos de la historia no se disuelven en su cronología, sino que perviven como la inminencia de un país que no termina de producirse. Los hechos mismos han ocurrido en el origen, pero las transformaciones que esos hechos desencadenaron no han cesado de ocurrir. Somos todavía un país profundamente definido por la zozobra de la marginación y las subculturas, por el debate de las pautas superpuestas, cuya interacción no es todavía la metamorfosis capaz de potenciar en una cultura nueva todas las alternativas de la experiencia peruana.

La historia peruana podría ser leída como la búsqueda de una administración legítima: aun cuando la zozobra cultural del país no haya sido explícita, cada nueva administración central, cada movimiento político global, cada época redefinitoria, ha buscado persuadirnos de su legitimidad para fundar, en la base de la fractura diacrónica, la coherencia de una versión suficiente del Perú. Sin embargo, ese propósito fue un sucesivo fracaso: la idea del país global quedó incumplida a lo largo de nuestra república, porque sus administraciones terminaron legislando en la isla de un Estado formal, carente de toda capacidad articulatoria con las naciones del país real.

El Estado peruano fue el espejismo de la norma legitimada, la estructura parcial, allí donde la nación no vivía sino los confinamientos y las dispersiones de un cambio que podría erosionar la vida social si sus propios protagonistas no hubiesen reconocido, en el cambio mismo, la energía de su cultura aborigen, que les permitía la sobrevivencia en un país que les negaba la sobrevida. Lo extraordinario de nuestra historia, por ello, es que las poblaciones indígenas hayan salvado la existencia. No menos definitorio es que hayan desencadenado una pauta nacional: la de definir al Perú con las formas, inmediatas o no, de su condición cultural. No es, pues, el mundo occidentalizado el que está configurando una

29

nación; lo están haciendo los mundos aborígenes, al margen de toda versión oficial del país, como el proceso de expansión de una cultura que se ha diversificado, desde su centro andino hasta sus versiones costeñas, y que no en vano coincide con las disyunciones de la práctica social.

La posibilidad de que una cultura nacional emerja modernamente desde las fuentes convergentes del país, es también la alternativa mayor de que el Perú configure finalmente su vida histórica como una realización del cambio que la define. Nos espera todavía el desafío esencial de un pueblo que emerge: el rediseño del Estado y del poder a partir de la convergencia de la historia y la cultura peruanas en el centro reorientador de una revolución. O sea, la socialización de la práctica política en el proceso constitutivo de las fuerzas sociales.

Porque la revolución, que nos convoca como una alternativa más legítima del país, deberá vertebrar estas opciones del cambio en la suma de nuestros tiempos como la identidad ganada al porvenir.

7

EN EL Perú no hemos conocido todavía el ejercicio pleno de las facultades de la crítica. Nuestra misma tradición libertaria, aun cuando hoy podamos entenderla como un proceso crítico articulado, ha permanecido al margen de una efectiva acción en la concepción global del país. El reclamo por el cambio que supone la continuidad crítica que va de González Prada a Mariátegui y Augusto Salazar Bondy, sólo ahora se nos aparece como una lectura de la realidad nacional para un proceso de transformación específica.

Es claro que los modelos de un pensamiento tradicional sobre el país son los que han prevalecido en la concepción y el propio diseño de la realidad peruana. La historia contemporánea nuestra, desde sus orígenes, propone un modelo de realidad nacional —una república, una democracia— que ampliamente se demostraría como frágil, por artificial; y como inauténtico, por parcial. No solamente porque tal modelo implicaba desde el Estado la marginación de las culturas nacionales mayoritarias, sino porque tampoco traducía la práctica social ni suponía una concurrencia participatoria.

Esa situación dependiente y subsidiaria del entendimiento de la realidad nacional sería formalizada por los trabajos de la generación del 900. La visión del Perú que esa generación propuso confirma una situación ideológicamente retardataria porque el primer balance que efectúa de la cultura nacional se encuadra en el esquema afirmativo, no crítico, del modelo dependiente. Cuando Ventura García Calderón define a su generación como la divulgadora de los "prestigios del Perú", se refiere a las imágenes y valores (la limeña, la Lima arcádica, lo pintoresco) del típico repertorio de las colonias de ultramar.

Retomando la prédica de González Prada, la crítica emerge con brillo en la generación del 27: en los primeros movimientos populistas, en la recusación del país tradicional que emprende Mariátegui, en la rica actividad anarquista. No obstante, en cuanto parte de esta generación tuvo que enfrentar la realidad nacional desde la administración, su proceso de deterioro disolvió la crítica inicial. Su radicalismo temprano se doblegó porque no había logrado una concepción articulada del cambio, y derivó fatalmente al reformismo. La misma actividad política aunque modernizada, resultó incapaz de crear una alternativa respuesta global. Como antes González Prada, Mariátegui asumía el reclamo de un pensamiento peruano del cambio, en creadora convergencia con las fuerzas sociales y las formaciones culturales que la expresaban.

Las posibilidades de la crítica en el Perú han estado condicionadas por el sistema tradicional tanto en la aceptación pasiva del modelo republicano demo-liberal, como en la respuesta reformista y en la acción política incautada burocráticamente. Y sin embargo, la crítica diversificó su capacidad de cuestionamiento, en contra de las restricciones y mediaciones tradicionales; buscando ejercer su naturaleza generadora en la impugnación que abre un replanteamiento intransigente del país. En Mariátegui la crítica, por ello, es un amplio repertorio, pero también la práctica de una subversión del orden del discurso estatuido.

No hemos ejercitado comunitariamente las posibilidades de la crítica. Porque no hemos poseído el derecho a una palabra pública, libre de mediaciones. En su lugar, hemos cedido a su forma sustitutiva: el descreimiento, el pesimismo. En esa subactividad, en ese nihilismo ante la historia, se expresa el trauma nacional de la autonegación. El ensayo sistemático de la crítica debe suponer una de las primeras rupturas activas de la deprimida visión del país que ha subyacido entre nosotros.

Pero la crítica, política o sociocultural, no es solamente una tradición intelectual; como tal, su capacidad de cuestionamiento nos dice que la realidad nacional está condicionada y que la conciencia de la misma propone, con su análisis, su objetivación. La crítica es asimismo, una compleja respuesta de la cultura popular: no sólo como elaboración racional, también como proposición simbólica, paródica y burlesca. En un caso, la crítica es analítica y, así, recusatoria; en el otro, es celebratoria y, de ese modo, una forma descodificadora, que testimonia la historicidad del pueblo. El ritual que sustenta esta crítica de la cultura popular, declara que frente a las depredaciones de la historia el pueblo se concibe como una entidad comunitaria perpetua, que forja su propia respuesta a la invasión permanente de las culturas colonizadoras.

Cuando estudiemos las expresiones de esta cultura popular encontraremos que detrás de las fuerzas sociales y bajo nuestra historia intelectual, nos acompañaba otra tradición crítica americana: la de un pueblo que no había cesado de responder.

CUALQUIER profesor sabe que uno de los problemas constantes en el aula es la poca capacidad expresiva de sus alumnos. Pero la dicción dudosa o la frase insegura no son características sólo del aula. Y este es otro de los síntomas de la situación del uso de la palabra en el Perú.

El tránsito que hay del fluido lenguaje familiar al lenguaje público, revela que de uno a otro el hablante peruano cree ingresar en un ámbito donde las palabras, de algún modo, van a traicionarlo. Preferible es entonces el silencio, la autoexclusión del habla común. Esta actitud no hace sino confirmar una limitación histórica: la de nuestra palabra periférica.

El fenómeno no es sólo local, pero en este país además de reiterar la marginalidad de todo tipo, ilustra la condición más terrible de una sociedad de castas. Porque también el uso de la palabra supone aquí una jerarquía distributiva de funciones, posibilidades y derechos. Esa jerarquía ejerce sobre las grandes mayorías, también desplazadas del lenguaje, una suerte de genocidio verbal: la progresiva condena a muerte del silencio. En las novelas de José María Arguedas asistimos, precisamente, al siniestro espectáculo de una jerarquía de la dominación expresiva: un hombre no puede hablar libremente a otro hombre; este esquema básico define verbalmente al Perú.

Si enseguida analizamos la situación del lenguaje escrito, nadie podrá negar que la jerarquía de esta dominación verbal es todavía más aguda. En un país con una alta población analfabeta, saber escribir no es solamente un privilegio: es una obligación a ejercer. Escribimos tan poco en el Perú que por momentos uno podría temer por nuestra misma suerte en la escritura: apenas hemos dado testimonio de nosotros mismos a lo largo de nuestra historia. La situación es simétrica: la escritura, otro lenguaje público, no es ejercida porque su ámbito es jerárquico y cerrado, y la persona se sabe excluida.

Quizá no hablamos y escribimos públicamente porque la experiencia peruana ha estado tradicionalmente marcada por el descreimiento. En cierta forma ambos actos nos resultan desmesurados porque nada en nuestra vida cotidiana parece convocar la posibilidad del uso de la palabra pública. Porque hemos dudado acerca de la eficacia final de estos actos, que carecían de resonancia. Este silencio nihilista no es casual: en un país donde resulta trabajoso un diálogo colectivo, es también previsible que la voluntad de escuchar esté condicionada. Un hombre no puede escuchar libremente a otro hombre; este esquema de las interferencias del descreimiento define en buena parte a la comunicación en el Perú.

El descreimiento delata una larga depresión histórica. Es otra respuesta defectiva a la indeterminación de un Estado tradicionalmente ilegítimo —por irrepresentativo de las mayorías—. Sin una articulación genuina con la vida pública, al hablante peruano sólo le quedaban los recursos traumáticos del no creer: la maledicencia, la ironía de los grupos autodefensivos; la verdad a medias, la amargura vejatoria.

Hacer la crítica del uso de la palabra en el Perú es reclamar también por un habla colectiva que genere primero el discurso de su necesidad. Y es promover la ocupación del lenguaje escrito, como un discurso común en el que pasemos de nuestra condición inédita de país marginado a la de una nación que testimonia su existencia, para reconocerla y elaborarla palabra por palabra.

Que todos hablemos libremente y que todos escribamos permanentemente: esta utopía del lenguaje colectivo sé que es improbable, como deseo radical. Pero sé igualmente que es plausible como crítica asimismo radical; como trabajo y certidumbre.

EL DESCREIMIENTO es un rasgo traumático de la vida peruana. La realidad objetiva no es asumida como una evidencia para el conocimiento sino como la breve parte visible de una realidad sospechosa. Se trata, por tanto, de una deprimida mecánica cognoscitiva: preferimos no creer porque la objetividad está fracturada por la duda. Pero, sobre todo, preferimos no conocer, o lo que es igual: optamos por la desconfianza porque creemos a través de la sospecha.

Extraño mecanismo peruano que instaura la sospecha como punto de vista sobre el mundo. Pero también revelador de una profunda depresión, que miserablemente ha extraviado el deseo de un conocer nacional. En nuestro país, ese deseo no ha logrado plasmar su propio espacio de correspondencia; donde hubiese sido posible reconocer una conciencia de la vida peruana como consenso histórico. Esa ignorancia de nosotros mismos, en cambio, hace de la historicidad una resta perpetua: nuestra inconsistencia histórica se explica también porque los tiempos no han sido sumados por un deseo del conocer que fuese una conciencia del creer nacional.

Más extraño todavía, porque este mecanismo hace del conocer una forma de la negación. Y de ésta una viciosa manera del creer conocer. Porque nos rehusamos a la validez de un testimonio (ya que el interlocutor forma parte de la duda enemiga que nos rodea) como nos rehusamos a cualquier racionalización de lo verosímil y lo sistemático (porque cualquier sistema que nos reclame más bien exacerba nuestra irracionalidad). No hay, así, nociones objetivas en un mundo que sólo podemos aceptar fracturado por la negación. De allí que para denigrar a alguien se suela decir: "pero si yo lo conozco. . ." Como si el conocimiento no fuera un mejor entendimiento de la realidad sino su infamia.

Nuestro conocer es injurioso: una forma de la maledicencia. O lo que es lo mismo: un suicidio de la conciencia.

Y, sin embargo, ésta no es sino otra de las formas en que nos hiere el subdesarrollo, sumiéndonos en una irracionalidad salvaje; y limitando nuestras posibilidades más humanas: la capacidad de conocer como una vía del creer; es decir, la posibilidad civilizadora de una conciencia histórica común, que sea la objetivación de nuestras limitaciones para el comienzo de nuestra subversión.

Porque en el descreimiento está ausente la actividad de la crítica: la sospecha no cuestiona, ya que no funda un compromiso. Todo lo contrario: el descreído se autoexcluye; niega pero no se siente negado. Y, no obstante, en el fondo este mecanismo no es sino una dramática autonegación: el descreimiento niega todo para justificar su propia negatividad. Nada es posible en este país, dice el descreído, porque él ya no es posible. De allí que el descreimiento siendo una mala fe, sea también una moral del fracaso: la amargura de la vida peruana, su encono, su humillación. Una inmoralidad, por lo tanto, ya que propone desvirtuar la realidad con su irracionalismo primitivo. Esa atroz desconfianza busca destruir cualquier posibilidad de consenso: es, por ello, un nihilismo moral (una manera bastarda de vivir); y, al mismo tiempo, una condena cultural (la marca del subdesarrollo nos convierte en pobres negadores, desheredados del espíritu).

La tensión social por un lado, y la tensión racial por otro, alimentaron largamente esta negación mutua: porque en la existencia colonial, imitativa y compensatoria, el sistema del creer estaba basado en la violencia moral del rechazo; y sólo resultaba veraz aquello que cumplía los valores suplementarios de una jerarquía vertical de exclusiones. A ello se suma, definitoriamente, la discriminación económica: la credibilidad de un pobre, como la de un indio, carecía de significado en el monopolio de la verdad.

No obstante, yo diría que las fuentes de una certidumbre se sustentaban en amplias zonas humanas, fuera del mismo debate ideoafectivo de una sociedad de castas; en la periferia cultural del país, esto es, en su centro espiritual: en la vida campesina comunitaria y suficiente, así como en las clases medias provincianas no contaminadas por la ideología reaccionaria de las capas dirigentes del Perú tradicional. No en vano en las migraciones que rehacen el mapa del país a fines de la década del 50 y comienzos de la del 60, era posible advertir la nueva fundación de un consenso: las necesidades elementales volvían a decir sus nombres, y un discurso genuino emergía poniendo en cuestión los lenguajes sustitutivos del país.

Porque cuando la experiencia peruana logra la conciencia de su especificidad, gana también el reclamo por una certidumbre que la transforme.

10

Las formas del individualismo entre nosotros son también el sistema piadoso con que el subdesarrollo nos hace responder a su cerco. En la batalla de las apariencias, que es nuestra más característica corte de los milagros, una sociedad semiurbana colonial se disputa los símbolos del prestigio. Pero debido a la misma naturaleza despiadada de esta competencia, la persona exacerbada por la necesidad de reparaciones constantes vivirá la zozobra de su propia precariedad. Está todavía por escribirse el análisis de esta batalla peruana. La batalla por los apellidos predominantes, por los símbolos externos de la riqueza, por los matices raciales necesarios, por el reconocimiento constante de un *status* robusto y durable. No es solamente una tensión por el poder oligárquico, sino la naturaleza misma de ciertas relaciones humanas desde la jerarquía de un pensamiento reaccionario. Podemos expropiar, nacionalizar, transferir la propiedad económica que sustenta el poder efectivo de esa oligarquía; pero más complejo es desalienar en la superestructura un pensamiento social largamente devaluado. Porque aquello que constituía un sistema de valoración a nivel de la oligarquía, se convierte en mecánica sustitutiva a nivel de las clases medias.

Ahora bien, en el centro de este laborioso sistema que relativiza cualquier pauta de relación que no sea individual, se encuentra la tragicomedia del amor propio peruano. El peruano suele ser una permanente víctima del amor propio porque es el sobreviviente de las opiniones.

Y así cualquier peruano de la urbe colonial, cualquier limeño de los grupos de poder alternativamente privilegiados, es un hombre visiblemente herido en la mascarada más siniestra entre todas. Nadie ha querido creer en él; y a su vez él no ha creído, apasionadamente, en nadie. Sus heridas, sin embargo, no anuncian el conocimiento del mundo, sino la ignorancia del mundo.

El exacerbado amor propio de los pueblos subdesarrollados entre nosotros es una batalla, al final, piadosa. Porque la ficción con que elaboramos una persona compensatoria es también otra manera de responder a una realidad del todo deprimida; finalmente, otra búsqueda de la sobrevivencia. No hay que olvidar que esta mascarada remplaza llanamente a la personalización.

En una realidad deshumanizada por el subdesarrollo, también la salud del espíritu es un privilegio: no estamos hechos para la realización plena sino para la frustración. El descreimiento, hemos visto, es una moral del fracaso. La mascarada individualista es la imaginación de ese fracaso.

Pero el hecho de que sea un sistema al final piadoso (precario en sí mismo, tragicómico a los ojos de la inteligencia) no hace menos total nuestro voto en contra. Porque en el entendimiento de una sociedad represora, la crítica no puede sino revelar hasta qué punto todas las pestes de la conciencia se apoderaron del espíritu nacional.

Y, sin embargo, esta comedia poco humana, esta comedia bárbara poseía en sí misma su contradicción. Había polarizado al país, minando la formación de una distinta conciencia de interrelaciones; pero en el otro extremo, la emergencia de un país no depravado por el egoísmo, iría paulatinamente a recusar el sistema subjetivo que alienaba a la persona. Porque en la concurrencia de una cultura popular, cuya naturaleza es comunitaria, encarna una persona más real, constituida por la perpetuidad que define a su presencia colectiva. Si el dominio sobre la historicidad ha de suponer, dentro del cambio radical de las estructuras, la práctica de una conciencia nacional diferente; esa diferencia viene de lejos: de las formaciones imaginarias de los pueblos abolidos por la historia oficial.

Es cierto, la batalla de las sustituciones sigue dominando buena parte de las relaciones de clase en la urbe, porque la movilización social también se alimenta de las jerarquías irracionales y tradicionales. Pero es cierto también que en las bases sociales del cambio actúa la recuperación espiritual de una conciencia entre nosotros insólita: la conciencia solidaria, el reconocimiento de clase, el consenso popular. Esa es la única posibilidad de rehacer la moral social responsable, el habla de las relaciones, su inteligencia interpersonal. Para que a una moral del fracaso suceda una moral del trabajo.

Son previos los trabajos de conciencia: el de la crítica es uno de ellos. Para terminar con la comedia de las pobres costumbres y para asumir la condición trágica de un país que, vanamente, ha querido enmascararse cuando todo delataba su mala conciencia. En esa condición trágica, en cambio, en esa lucidez de sus hechos vivos, la certidumbre de la conciencia es un trabajo a compartir.

LA EXPERIENCIA peruana no se reconocería en ninguna formulación del optimismo. En cambio, es posible que su naturaleza se precise más fielmente a partir de una conciencia trágica de la realidad que compartimos. Esta conciencia es todo lo que se opone al descreimiento derrotista: parte del reconocimiento crítico y se encarna como la asunción de lo que somos.

No es casual que sistemáticamente hayamos rehuido la posibilidad de un conocimiento más fiel de nuestra experiencia nacional. No solamente hemos preferido medirla desde fórmulas elaboradas por otras experiencias del mundo. Además, hemos suplido cualquier posibilidad de que aquella conciencia trágica (que quiere decir entendimiento exacto de una realidad laboriosamente enmascarada) se instaure en nuestros hábitos de conocimiento.

Hemos heredado, más bien, una compleja serie de instrumentos de aprehensión hechos para disuadir cualquier objetividad plena de un acto peruano. La vida nacional parece haberse rehusado a su propia conciencia, y de hecho elaboró un sistema de inversión que redujo permanentemente la realidad a los términos de una comedia familiar.

Me refiero al Ricardo Palma que llevamos dentro: la realidad no solamente nos ha parecido indigna de fe (y por eso preferimos sospechar de ella); la realidad también nos ha parecido indigna de cualquier plenitud humana (y por ello hemos optado por despojarla de toda resonancia que trascienda el marco reductor de una medida familiar, a la mano, rebajada). Ya lo vio Guamán Poma en el nacimiento de la experiencia peruana: todos quieren ser señores, observó alarmado al centro de una movilización social que no proveía una nueva experiencia de certidumbre sino, contrariamente, una inversión total, un "mundo al revés" y sin desenlace.

Guamán lo dijo con indignación, con sarcasmo. Garcilaso, que percibió lo mismo, optó por una respuesta más laboriosa: el habla de la nobleza, la cual, bajo sus fórmulas, revela la primera dimensión trágica de nosotros mismos: ¿Cómo hablarnos para creernos?

Si la palabra de un español ante una corte equivalía a la de tres indios, quiere decir que la certidumbre suponía otro orden del discurso. La arqueología del lenguaje peruano, precisamente, descubre el desgarrado espectáculo de sucesivos estratos verbales, que buscan laboriosamente su acceso a una certidumbre que la condición colonial les niega. ¿Cómo hablarnos, entonces? Garcilaso lo hará a través de una compleja estrategia probatoria, desde la dignificación sobria de una verdad común: trocando la pasión en melancolía; haciendo del discurso el testimonio de una patria naciente. Guamán Poma, con la fe mítica de que la verdad que le dicta su entendimiento del mundo ha de imponerse a través de su demostración verbal, el informe al Rey acerca del error español. Pero ya Caviedes demuestra que toda medida de certidumbre está sujeta a un sistema de castas: el pobre si trabaja poco es llamado ocioso, nos recuerda, y si trabaja demasiado es llamado ambicioso; o sea, no hay verdad compartible para los desclasados.

Luis Loayza ha observado que en una página de Stendhal y en otra de Proust aparecen, brevemente, dos peruanos. El primero es un hombre de la generación de la independencia, el otro un petimetre de los salones parisienses. Entre la certidumbre de uno y la incertidumbre del otro ha fracasado toda una instancia de la vida nacional. Y, en efecto, unas nuevas clases dirigentes han extraviado consigo el nacimiento republicano del país, revelando también los límites del proyecto emancipador.

Quien testimonia los mecanismos perversos de ese cambio es precisamente Ricardo Palma. Porque en sus "tradiciones peruanas" la historia ha perdido no únicamente su posible grandeza sino, lo que es peor, su razón de ser. Ha perdido su final condición trágica: esto es, la conciencia de los hechos

43

que no constituyeron una nación. Revelando el sentido histórico de su tiempo, el cual irá a ser constitutivo de una manera peruana de ver la historia, no propone una conciencia ni mucho menos un consenso; deduce, más bien, su constante relativización. Sólo es inteligible en su reducción casera, en su dispersión anecdótica. Toda su certidumbre se da en la necesidad de penetrar la vida íntima de los protagonistas, sus secretas pasiones, sus venganzas, miserias y caprichos. No hay otra verdad en la historia que no sea este interior familiar de su escenario del poder. Las razones de los hombres no están en sus actos objetivos y en la orientación de los mismos; están en la irracionalidad gratuita en que los elige este discurso de la rendición.

Por lo tanto, es imposible una conciencia trágica: la remplaza una conciencia suspicaz, que relativiza los términos. Igualmente, y desde este esquema, es improbable un consenso objetivo que fuese una certidumbre a compartir. La mejor literatura peruana testimonia esta agonía de una verdad común, y busca fundar los términos de una crítica a la despersonalización que supone el relativismo de las dobles verdades. En Garcilaso y en Vallejo, en Mariátegui y en Arguedas son visibles la reconstrucción de los signos de esa certidumbre. Que ella aparezca como una conciencia trágica sólo quiere decir que el primer movimiento de nuestra identidad es la crítica. Es decir, el reconocimiento de nuestras dobles verdades que son varias mentiras.

Este mismo espíritu que dictó la versión socarrona de Palma, está presente en el "espíritu de comedia" con que solemos relativizar los posibles hechos trágicos. No me refiero a la simple burla urbana a las emociones, donde actúa un mecanismo pobremente defensivo; sino al descreimiento de las capas medias y burguesas frente a un acto que escape a su jerarquía de valores familiar y restrictiva. Correspondería esta actitud al "choteo" de Centroamérica y el Caribe, y al "ninguneo" de los mexicanos: el crítico humor popular puede estar, o haber estado, detrás de estas reducciones a lo grotesco. Y en ese sentido estas reducciones formarían parte de una legítima cultura de la plaza pública; allí donde acontece la inversión paródica de los sistemas establecidos. Pero no es menos cierto que estas versiones actúan más bien de un modo traumático, cuando se convierten en el punto de vista sobre las dimensiones del acontecimiento.

La condición colonial es una profunda reducción de las posibilidades humanas: la cárcel que muchas veces no llegamos a ver por entero. ¿Hemos empezado a traspasar esos límites? Lo hemos intentado, buscando rehacer el origen: desde Garcilaso y Túpac Amaru; desde Eguren y César Moro; desde Arguedas y las guerrillas del 65. Y lo estamos intentando otra vez en medio de una gran conmoción en la superestructura: los sistemas y valores tradicionales entran en crisis, y por eso mismo se exacerban.

12

DESPROVISTOS de una conciencia de nuestra condición peruana, esto es, carentes de un conocimiento crítico de nuestras relaciones objetivas con una realidad en todos los órdenes depredada, no es extraño que el pensamiento reaccionario haya sido connatural al subdesarrollo. Porque el subdesarrollo supone también la ignorancia de nosotros mismos.

Cuando José de la Riva Agüero sostuvo que la literatura peruana es un capítulo más de la literatura española, en verdad ilustraba el origen mismo del pensamiento reaccionario: su condición colonial. Y cuando *La Prensa* de Pedro Beltrán, afirmó que los Estados Unidos tenían derecho a bombardear a Vietnam por ser ellos la nueva cuna, la nueva Grecia, de la civilización occidental, implicaba que esa condición colonial del pensamiento reaccionario se había constituido en una visión dependiente del Perú. Es probable que la declaración de Riva Agüero habrá escandalizado a más de una conciencia liberal de la propia España, como es seguro que la cosmovisión de Beltrán habrá resultado inconcebible a no pocos norteamericanos. Sin embargo, ambos planteamientos fueron tradicionalmente aceptados en nuestro país como situaciones fatales. Todavía Víctor Andrés Belaúnde pensó que la "integración" del indígena peruano a la "civilización occidental" sería lograda por la religión católica, en una nueva suerte de campaña catequizadora de la dominación. Y no hace mucho, fue posible leer que el proceso de cambios iniciado por las Fuerzas Armadas era "occidental y cristiano".

Toda esa ignorancia de las condiciones objetivas de la realidad nacional no es una simple ausencia de información sino una más profunda, y activa, versión reaccionaria del país. En esa misma versión finalista se inscriben las ideologías modernizadoras del Perú, que nos conciben destinados a competir internacionalmente por un "desarrollo", que no es sino la ratificación del capitalismo. Así como los partidos políticos tradicionales, que en nombre de una "democracia parlamentaria" reducen el país a una oligarquía política que actúa como una junta de negociantes del poder.

Pero tampoco el pensamiento reaccionario es sólo una ideología colonial sino que, entre nosotros, es también un sistema de valores que se configuran en la alienación. Sistema de valores compensatorios que devalúa cualquier consenso de relación genuina en nombre de un código de las apariencias; el que es característicamente un producto de la subcultura reaccionaria. La represión de una conciencia social acerca de los condicionamientos, limitaciones y carencias que implica el subdesarrollo, permite y promueve esos sistemas compensatorios en la alienación.

El cerco cultural del subdesarrollo impide en el individuo una visión integral y crítica de su condición limitadora. Esa condición nos condena a la inconsistencia, a la exacerbación subjetiva, al individualismo defensivo. En sus zonas más miserables es una suerte de vacío de realidad: sus víctimas no están ligadas a ningún compromiso de la conciencia, son los parias de la nacionalidad. Hasta ese punto nos hiere el subdesarrollo, actuando como un corte de la conciencia, como una castración de la responsabilidad.

No podemos sino recusar permanentemente toda manifestación del pensamiento reaccionario, que actúa como el instrumento de la dominación para reprimir una conciencia social. Debemos denunciar cada una de sus instancias: desde la marca colonial que devalúa todo lo propio para sobrevalorar todo lo extranjero, hasta la irrisoria mecánica de la compensación de la apariencia; desde las ideologías "occidentalistas" hasta el irracionalismo anticomunista; desde el descreimiento traumático hasta la resistencia al cambio. Porque es en este ámbito donde trabaja la crítica: contra la condición colonial.

DEL USO y abuso de Mariátegui no es culpable sino la ignorancia de sus textos: esto es, la irresponsabilidad. O sea, todo aquello que esos textos contradicen. Pero olvido ahora las miserias del contexto, esa historia nacional de las sumas que restan; porque la certidumbre no está en el cotejo de las ignorancias mutuas, sino en el día siguiente de la mala fe.

Anoto, más bien, algunos datos para una arqueología de la lectura de Mariátegui. En primer lugar, éste: cada lectura es un ejercicio con la certidumbre. Su idioma es el del balance instaurado al centro de la historicidad; porque su análisis, que comienza como una apelación del objeto termina como una proyección del sentido. Es a ese trabajo que uno le rinde cuentas; cotejando sus evidencias con la prueba histórica, donde la apelación del objeto (la razón del acontecimiento) puede ser contradicha o modificada, pero donde la proyección del sentido (la unidad central de su reclamo) preserva siempre el poder de la crítica como el lugar común del entendimiento que nos promete.

De allí se deduce esta otra observación: la conciencia del cambio es aquí central. Pero no solamente porque es el primer escritor peruano que instaura la racionalidad en la errancia de lo histórico, sino también porque trabaja la virtualidad. Todo en Mariátegui actúa por una recuperación permanente del sentido: no hay errancia en su obra, porque encarna un sistema complejo de convergencia, vertebrando un entendimiento unitario de una realidad que, sin embargo, no está sino haciéndose.

Mariátegui es un clásico del futuro: esto es, lleva la lucidez a la virtualidad. Analiza un mundo no sólo para introducirnos en sus acontecimientos sino para llevarnos desde ellos, para pensar otro mundo. De ninguna manera quiero decir que escribió para un mañana o propuso su diseño. Quiero decir que toda su obra nos hace desear otro tiempo: la plenitud de la racionalidad en nuestra recuperación de la historia.

Su versión de la experiencia peruana no requiere así de la historiografía: requiere de la crítica. La primera, acumula. Y, por eso, refrenda una memoria que nos olvida. La segunda, procede a fundar la memoria del porvenir: el ahora de la recusación. Por ello, Mariátegui vota en contra de la superestructura colonial que maneja toda idea del pasado (y así propone la racionalidad como vía de reconocimiento); y, también, vota en contra del reformismo del APRA (y propone, al comienzo de nuestra política moderna, la opción socialista: la virtualidad como historia). Estos dos movimientos abren el espacio más propio de su idea del Perú: la polémica de una cultura como ganancia de la práctica social.

De allí la calidad dramática del pensamiento de Mariátegui. La extraordinaria percepción del cambio, que transforma el entendimiento de la cultura de su tiempo, no le hace sumarse a la corriente ni mucho menos sumarla para sí. Todo lo contrario: desde su visión central de un pensamiento que es el inicio de la racionalización de la experiencia de su país, polemiza libremente con la gran fractura de la tradición gramatical; y respira sin restricción y con lucidez, y hasta con no oculto deleite y buen gusto, dentro de esa ruptura de las normas y apertura de las ideas. A veces sus balances pueden estar errados, pero su percepción central habitualmente es cierta: porque es incorporadora y generosa, la permanente ganancia de un espíritu mayor.

El drama intelectual está, por eso, en la necesidad de debatir para recuperar y sumar. Un drama enteramente nuestro, que Mariátegui desarrolló con nitidez. Otra vez, el papel fundador de la crítica: no es casual que en su obra poseamos el primer espacio genuino de nuestro propio reconocimiento crítico moderno. Allí donde la crítica asegura que reconocernos supone también transformarnos.

Mariátegui nos habla desde la inteligencia para mostrarnos como una opción más plena, en un tiempo más humano y responsable: esa es la acción civilizadora de su escritura.

No ha hecho sino adelantársenos en hacer suya la única realidad digna de ser vivida: la realidad sublevada.

14

CUANDO José María Arguedas empezó a escribir, su literatura podía ser entendida como la patética versión de un mundo marginal. No es arbitrario suponer que las páginas finales de *7 Ensayos* de Mariátegui anunciaban precisamente un trabajo literario como el de Arguedas: ese reclamo por un nuevo indigenismo, hecho al centro del primer indigenismo y en los albores del que allí comenzaría, se cumple con plenitud dramática en aquel trabajo. Pero, asimismo, ya en Mariátegui este indigenismo cultural era entendido no como una derivación periférica sino como una actividad central que comprometía una definición nacional. Sin embargo, sólo en los últimos años hemos podido leer a Arguedas más allá de su primera y evidente función reveladora de un mundo, el indígena, que ignorábamos. Porque leer a Arguedas como al informante de un universo periférico y fatalmente distinto, es limitar erradamente el proyecto de su obra.

Desde la perspectiva plural de la experiencia peruana cabe una lectura comprensiva de otro orden. En efecto, leyendo estos libros uno percibe que trabajosamente colindan con la ficción y la crónica, con la novela y el informe. En buena parte son novelas, o cuentos, pero en una parte problemática son apelaciones, desgarramientos, confesiones. Libros extraños, híbridos, donde las altas tensiones del relato se dispersan abruptamente. No es casual que Arguedas escribiera en una especial disyunción: buscando suscitar la plenitud de las comunicaciones y precipitándose en el fracaso de no poder resolver un material controvertido. De allí que haya en él una moral del fracaso literario: dejarlo visible para testimoniar la naturaleza insumisa de la obra.

Pero esta discordia de la ficción y la crónica (esta tensión entre el relato y el testimonio) probablemente tiene que ver con la perspectiva misma que informa su enfrentamiento de la experiencia peruana. Para José María Arguedas el relato está en la virtualidad del conflicto. O sea, en la exacerbación del testimonio. Como en ciertas novelas del siglo XIX, en las de Arguedas uno de antemano sabe que el desarrollo de la ficción está entregado a la condición terrible de la experiencia.

Una de esas tensiones polares radica en el hecho de que la experiencia peruana pueda ser determinada por el medio, por la discordia de naturaleza y cultura. Como en el mundo previo a la tecnología, en el andino Arguedas nos muestra una existencia destinada por la dependencia ambiental; una existencia insular, por lo mismo. La otra experiencia polar no es menos dramática: el destino social del individuo, que supone la culpa infernal de un país de castas. La dependencia ante el medio y la dependencia ante las castas que sangrientamente colindan, son dos formas de una misma experiencia desligada y extrañada. La alternativa comunal es una existencia equidistante, problemática pero igualmente virtual. En *Todas las sangres* podemos percibir el poder de esa virtualidad, que proyecta a esta novela, con desolada esperanza, más allá de su misma versión del acontecimiento.

El acontecimiento en las novelas de Arguedas suele estar poseído por la inminencia trágica. Una secreta entonación apocalíptica recorre por dentro su versión de los hechos. Pero el poder de esa versión comúnmente abre también otra inminencia: la del cambio, en el reclamo de la conciencia. La tragedia se trama en la utopía: un mundo que ha sido o será una morada humana es, insiste en ser el teatro infernal del desamparo.

Si en la primera parte de los *Comentarios reales* del Inca Garcilaso y en la *Coronica* de Guamán Poma, la posibilidad de que la experiencia peruana se fundamente en la concepción del Perú como morada, era ya una agonía interior de la historia; en las novelas de José María Arguedas el reclamo de esa posibilidad es directamente una impugnación trágica. Ya en la más importante novela de Ciro Alegría, el título que declaraba explícitamente la ajenidad y la amplitud del mundo, implicaba, como en Arguedas, que por el extravío de la historia el país es una casa de nadie.

Casa de nadie, cárcel feroz, infierno de castas. Estas imágenes sobre la irrisión histórica como destrucción de un ámbito humano se prosiguen en *La casa verde* de Mario Vargas Llosa: la selva inhabitable del origen y el burdel grotesco del destino social. Pero en Arguedas la experiencia de lo peruano no sucumbe a su solo testimonio crítico sino que busca proyectarse en la ficción, porque la escritura deberá proceder todavía a su propia reconstrucción. Todo en Arguedas tiende a ser una escritura zozobrante, no así esta actividad de la ficción: el poder analítico de la ficción provee a esa escritura de una energía que sustenta su ámbito de convocaciones.

Dentro de la misma negación trágica de una alternativa armónica, en las novelas de Arguedas no deja de emerger el sueño del país como una casa de los hombres. Formación imaginaria, que el lirismo inicia. Porque en la naturaleza está el comienzo de esa posible morada que sustentaría a la experiencia del país en una materia integradora. Pero también en el reclamo por la existencia de una ley colectiva. Asimismo, en la posibilidad de que las relaciones humanas sustenten la integridad del individuo.

En el laberinto peruano que diseñan sus obras nuestra experiencia se escucha como crítica de la irrisión histórica y como drama del deseo.

Como hombre, Arguedas vivió, según él mismo dijo, toda la dicha y la desventura del país. Poseía las claves de una felicidad durable en sus fuentes aborígenes; en la capacidad de comunicación que manifestó como inherente a la condición indígena. Pero había sufrido el desgarramiento de esa condición; la violencia y la negación con que un mundo de castas sometía a su raíz humana, a la parte desposeída del país. Como escritor, logró comunicar la extraordinaria aberración peruana de esa contradicción.

Arguedas conocía las claves de una visión del mundo cuya

52

sabiduría fundaba las relaciones humanas a partir de la identidad común y la comunicación. Esa comunicación entre los hombres y su ámbito poseía además su propio idioma, el quechua, como el lenguaje de la norma armónica. No es que Arguedas haya simplemente idealizado, como mecánicamente podría pensarse, al indio y su medio; sino que en las pautas de existencia aborigen había encontrado la noción de un espacio social genuino. Las pautas de la vida comunitaria se unen a las de plenitud de la conciencia en una naturaleza integrada al código humano. Por ello, entre los hombres prevalece el consenso de la autenticidad; y la jerarquía de valores se rige por una ética de los sentimientos. Un universo afectivo nos rodea: es la libertad de los sentimientos lo que nos permite la plena presencia del mundo en nosotros, y de nosotros en la sociedad. El refinamiento de ese mundo sensible es también una inteligencia armónica.

Pero todo conspira en el país contra esa conciencia realizada. El testimonio de Arguedas es el diseño de esta tragedia nacional: un país en guerra interior, desarticulado por la injusticia. De allí que la unidad final de su obra sea un debate irresuelto: la errancia de la justicia. En sus libros asistimos al espectáculo más atroz de todos: el de los hombres ejerciendo la injusticia involuntaria y voluntariamente. El mundo aborigen es el de la comunicación. Los hombres del Ande ejercen una amplia correspondencia con la naturaleza, y el escritor recupera de esa fuente el lirismo maduro de una añoranza de vida fracturada por la condición marginal. Esa comunicación es, pues, insular. La rodea por todas partes su imposibilidad porque el mundo del poder establecido es el de la incomunicación. El indio está prohibido de hablar. En el orden de la injusticia su palabra está condenada. Como en una página memorable de *Todas las sangres:* frente al patrón le está prohibido incluso pensar. Esta novela, como otros trabajos de Arguedas, también puede ser leída como la aventura del lenguaje, criminal y proscrito en el Perú.

Arguedas fue un escritor del todo excepcional y no sólo por el poder de su imaginación; sino también porque en su obra confluyen las fuentes de la vida peruana con la energía primordial de su capacidad de ser y las fuerzas dispersas del país, las castas y clases, los sistemas del poder, legítimos unos, ilegítimos los más, con la zozobra de su inadecuación humana, con su inconsistencia básica ante el destino global del país. La obra de Arguedas es también la denuncia de las vinculaciones dramáticas de ambos mundos y, a este nivel, un documento vivo para entendernos en un proyecto mayor de interacción cultural. Esa confluencia de imágenes y debates convierte a esta obra, precisamente, en un documento insólito, que trasciende a la literatura.

Con ello, Arguedas es otro indicio de la afirmación de una cultura nacional caracterizada por su origen y su destino en el ámbito del Tercer Mundo. La reflexión y también la documentación sobre esa cultura tienen en su obra un alegato fundamental; un documento sobre el país asumido como ser vivo. Por eso, nos encontramos a nosotros mismos en esos textos: interrogados y cuestionados, pero también convocados para la conciencia y el deseo de un espacio de los hombres.

Arguedas es nuestra conciencia de desdicha. Pero en esa conciencia de nuestra privación, habita también el reclamo por humanizar los términos encontrados de nuestra zozobra cultural. Su obra nos dice —como querría Benjamin— que no es en vano que hemos sido esperados aquí.

UN PERUANO al atravesar una calle cumple un hábito solitario. Una suerte de acto privado. El espacio, de hecho, no le pertenece y le es más bien adverso; cruza por eso sin convicción, algo inhibido ante la especie de abuso social que acaba de cometer. No es casual que este provinciano de sí mismo, poco callejero, atraviese con ligero arrebato de espanto las esquinas con semáforo, porque desconfía de la duración de la luz roja.

Soy un estudioso de la muchedumbre, pero no es necesario serlo para advertir que la muchedumbre es reciente en Lima. Contra la opinión general, encuentro que la muchedumbre es una extraordinaria novedad de nuestra mutación urbana. Encuentro exaltante la posibilidad de una calle plena, invadida por hombres y mujeres que la atraviesan en un movimiento fervoroso. Los vendedores ambulantes, las familias provincianas, los grupos campesinos, los estudiantes de las mil academias, los parques domingueros, los fanáticos del deporte, esta multitud que en estos años ocupa la calle limeña es una gente espléndida, que se da cita en su primer acuerdo común: apoderarse de la ciudad; esto es, transformarla.

La nuestra es todavía una muchedumbre que ignora su poder. Una multitud que se rompe en cien movimientos desarticulados porque combate aún con las leyes del tráfico, la persecución de los ambulantes, los parques de aire prohibido, los cines y estadios que agotan sus entradas. Tiene un irreprimible aire invasor: no son nuestros vecinos, viven en las afueras, son recién llegados, ignoran nuestros hábitos, colman el tránsito. Pero, de hecho, son mejores que nosotros.

Lo son porque la calle les pertenece. No padecerán ya la inhibición del limeño tradicional. No harán de la calle un hábito social de la apariencia o un refugio de la soledad.

Hacen, empiezan a hacer de ella, el centro de sus propias vidas; el testimonio de su emergencia. Por eso, la calle limeña se transmuta: por fin la habita una presencia abierta al porvenir, totalmente inusitada por su libre ruptura de la urbe represiva. Una presencia que irá a rediseñar la ciudad. Pronto Lima será otra. Es ya otra.

He visto otras muchedumbres; la de Madrid, que es un rumor arcaico en la noche del anonimato reparador; la muchedumbre mexicana, que posee plenamente su ciudad, a tal punto que le es esencial pues no podríamos entender una fuera de la otra. Esa ciudad es un fabuloso mercado, pero también una fiesta solar: sus hombres miran de frente porque habían ganado, en algún momento, la tierra que perdieron.

A nuestra muchedumbre le falta ser dueña total de esta tierra: ha empezado a serlo, y lo será. Lo será cuando Lima misma, gracias a estos invasores, gane al espacio abierto su certeza comunitaria. Como ámbito, Lima ha sido una ciudad sin convicción espacial: entre sus calles uno puede todavía adivinar el desierto. De allí que su caminante emprendiese una aventura inhibitoria al cruzar sus calles: no atraviesa la fijeza de una morada de los hombres sino la desolación de una casa que no fue acabada.

Pero esta muchedumbre reciente está llamada a volver más humano el ámbito en que nos movemos. Más humano, esto es, una morada. Ellos vencen diariamente al desierto con los frágiles materiales de la gran migración que nos define.

16

AL PASAR por un parque limeño creí ver que una campesina inclinada sobre la yerba crecida probaba tallos y hojas buscando plantas comestibles. Pensé que este hecho permitía dos perspectivas de análisis. Primero, una perspectiva crítica del orden social: ésta era una muestra dramática de nuestro subdesarrollo. Segundo, una crítica del orden cultural: esta era, asimismo, una revelación de nuestra sabiduría.

Desde el primer punto de vista, las ciencias sociales, la economía y el positivismo desarrollista son el marco de referencia que nos informa sobre la realidad peruana como acontecimiento deficitario, en tanto producto del sistemático saqueo impuesto por la dominación y la dependencia.

El segundo punto de vista, el del análisis cultural, podría ilustrarnos sobre la realidad peruana en tanto respuesta no menos sistemática a la depresión general de nuestra historia; en cuanto base de una dispersa configuración nacional cuya manifestación y emergencia debería, en todos los órdenes, comprometer nuestro trabajo.

Lo cual quiere decir que frente a los retos de nuestra realidad debemos también contar con las respuestas que ella misma ha generado. Porque la mujer que vi denunciaba los hechos terribles de nuestra miseria, pero también la extraordinaria voluntad de vida que hace de nosotros una cultura de la sobrevivencia. No podríamos entender nuestra realidad sin las evidencias del subdesarrollo. Pero podemos también proyectarla no sólo en el positivismo desarrollista sino, prioritariamente, en la manifestación articulada de una cultura nacional desde nuestros rasgos sobrevivientes.

En este caso se trata de una realidad sometida por la miseria y, por lo mismo, desposeída del más elemental de los derechos humanos: el derecho a comer. Frente a esta depredación nuestras poblaciones indígenas sólo pueden responder desde su propia cultura alimentaria, por debajo de aquel derecho básico; y dentro del fracturado sistema de su cultura amenazada de muerte. Ese sistema fue originariamente coherente y pleno: una correlación entre ecología y etnia, entre consumo y cultivo. Pero sucesivas invasiones administrativas y políticas lo fueron desintegrando hasta reducirlo a una zona económicamente marginal y deficitaria.

Precisamente, al descubrir la "verticalidad" de la estructura agraria andina (al cultivo sistemático en un archipiélago ecológico) John Murra nos reveló la sabiduría tradicional de una economía que pudo persistir ignorada por el mundo "occidental" del país, como la secreta geografía de la supervivencia.

Naturalmente, esos esquemas de la tradición agraria no bastarían ahora para que las poblaciones indígenas ejerzan el derecho a comer, pero nada sería más peligroso que seguir condenándolos a la dispersión, a la desintegración. Más bien, debe partirse de ellos para ampliar las implementaciones más radicales de nuestras reformas.

Por todo ello, es fundamental entre nosotros escribir también la historia peruana del hambre: porque es en el discurso de nuestras necesidades donde confluye la realidad nacional, como conjunto problemático del subdesarrollo y como sistema cultural por articular y objetivar. Es en esa historia de las necesidades donde deberán generarse las otras lecturas centrales del país: en primer término, la vida del deseo en el Perú; en segundo lugar, el código de la represión y sus órdenes.

Los clásicos del utopismo no consideraron jamás la atroz posibilidad de que el hambre apareciese en sus repúblicas como un derecho no ejercido. En las utopías la comida es una solución social. Un producto más del acuerdo fecundo entre la existencia cultural y la naturaleza. En la utopía incaica, según el diseño del Inca Garcilaso, la alimentación es también un privilegio conquistado por la armonía.

Sin embargo, para nuestro país no podemos sino pensar

58

en rediseños globales y audaces para enfrentar los problemas de la subalimentación y los fantasmas del hambre. Cualquier rediseño social tendría que partir de los alimentos. Esta pequeña proposición utopista para hacer de la calle un comedor público no es, de ninguna manera, improbable. Porque nos es preciso ejercer un derecho que nos ha sido perversamente negado a lo largo de la historia peruana: el derecho a convertir nuestras necesidades en la fuerza social del cambio.

17

LA MIGRACIÓN en cualquiera de sus formas es uno de los mecanismos decisivos para entender lo que podría ser un mapa del deseo en el Perú. De hecho, los movimientos migratorios han rediseñado el mapa social del país, y la extraordinaria energía de su viaje acontece como una fundación nacional.

El ciclo de la fundación, que da origen a la existencia comunitaria, no ha terminado entre nosotros y, más bien, sería justo decir que no ha hecho sino reiniciar su búsqueda de una tierra firme peruana.

La fundación española ocurre como la afirmación de una plaza ganada: se funda una ciudad para ampliar la geografía de España, en la avanzada militar que desplaza a los pueblos aborígenes; y sobre las ruinas de los templos saqueados se erige la buena conciencia de la guerra: la misma presencia de la iglesia es un primer acto de extirpación.

El ensayo de crear "pueblos de indios" revela la dicotomía que se había establecido: la fundación de Lima no propició una existencia comunitaria sino que, por el contrario, había sentado las bases de una permanente disyunción. No habiendo existido antes de su fundación española, Lima estuvo desprovista de razón nacional. México fue un archipiélago de mercados: una plaza pública acuática, y es a partir de ese origen que se configuró la nueva ciudad. En cambio, Lima propiciaba un proceso de conversión inverso: no fue la plaza pública del país sino su lugar vacío. El mundo del interior no era transfigurado para ninguna síntesis mayor: era despojado, más bien, y recusado. Por ello, la conversión fue la inautenticidad: Lima exigió perder los signos de la identidad para asumir la apariencia del reconocimiento.

La migración ocurre, por lo mismo, como una toma literal de Lima: asalto tras asalto, la ciudad es finalmente ocupada; y, en los últimos años, el rumor de esa victoria emerge a la plaza pública. Es imposible dejar de percibir en nuestras calles la inminencia de una fiesta.

Es probable que las migraciones concluyan en esa fiesta total, cuando la plaza ha sido ganada y cuando la calle conduce hacia la conciencia colectiva.

La migración es en primer término la búsqueda del lugar; es decir, la posibilidad de que el desierto concluya. Posee así a los migrantes el deseo de la tierra como morada común: sueño colectivo donde la condición peruana revela su aventura más propia, porque es verosímil creer que una gran migración define al Perú; y es probable que nuestra identidad individual se decida en reconocer qué migración nos posee. La práctica social rehace aquí los nombres al devolverles su raigambre de lengua natural.

Porque la migración no podría ser entendida cabalmente sin comprender que busca hacer habitable la tierra enemiga, el espacio indócil. Entre nosotros la ciudad actual no es la depredación de un jardín original; no es la urbanización de una imagen edénica. Por el contrario, nuestras ciudades son pura ganancia: desnuda ocupación del espacio vacío; son por eso ciudades siempre inacabadas, proyectadas hacia el futuro, pero con un mañana que no se cumple, que se deteriora, y que las convierte así en campamentos provisionales, en parajes insumisos. La migración busca fijar ese paraje. Su movimiento parece errático pero quizá no lo sea. Porque es un movimiento que persigue la conversión del paraje en morada, de la morada en país.

Tradicionalmente la migración ha sido una ceremonia secreta: un movimiento de familias, de pequeñas poblaciones que ignoraban ser poseídas por un viaje más amplio. Pero en los primeros años de la década del 60, la migración se convierte en una ceremonia pública: los viajantes se conjuran en una muchedumbre y su viaje está signado por la invasión. Yo soy testigo: he visto a los invasores coronando un espacio ganado al país tradicional, abriendo así la tierra nueva del país mayoritario.

Mientras en la sierra los campesinos invadían las grandes haciendas, en la costa los migrantes invadían las afueras, donde se sellaba a muerte la tradición de la propiedad privada. Fueron abatidos más de una vez. Pero la tierra empezó a ser finalmente suya.

Adopta otras formas la migración. Pero es en las invasiones donde tiene lugar su ruptura mayor. Cuestiona al país oficial y hace de la fundación una saga épica.

18

ENTRE todos los parques, el Parque Universitario es por excelencia nuestra plaza pública: esto es, el centro de la cultura popular, su espacio connatural.

La Plaza de Armas es el espacio oficial de la ceremonia permanente que define a la república. El Parque Universitario, en cambio, es el espacio antioficial, que ha borrado toda ceremonia que no sea el ritual de la presencia popular arquetípica.

El Parque Universitario contradice a la república a diferencia de la Plaza de Armas, que la sustenta.

Porque en el Parque Universitario no hay otra historia que la pura presencia de un pueblo que se presenta a sí mismo en el primer día de su vida pública.

En el Parque Universitario el país acaba de ser inventado: sus habitantes son de siempre, pero su ocupación del espacio acontece ahora mismo.

Hay una ganancia que fluye, una gratuidad que derrocha su posesión de sentido: en el Parque Universitario una vida más plena posee de pronto a los hablantes.

Esa ganancia es una invasión que no concluye: el país se vuelca sobre sí mismo para cobrar su imagen genuina, su conciencia pública. Esa gratuidad es la energía elemental de esta ocupación: no busca imponer una idea, no persigue una meta. Más radicalmente, ese pueblo mana como la sangre poderosa de su historia. Su sentido no está, así, en un proyecto: está en su presencia material, en la vida física que de pronto instaura en un espacio despoblado.

Todas las calles de Lima conducen al desierto, pero en el Parque Universitario el desierto es negado: su espacio es el de los hombres, la morada a partir de la cual la ciudad misma tendría que ser rediseñada.

Por eso, esta plaza pública contamina a la ciudad. Empieza a rehacerla con una geografía que fractura todas las fronteras. Sus hombres pueblan las avenidas en torno y de esta plaza irradian sus nuevos usos, los oficios y las voces del tiempo que aquí recomienza.

Esas voces son también las nuestras. En el Parque Universitario, todos los trabajos del cambio tienen la confirmación de que el cambio es un movimiento primero de emergencia. Un movimiento que se desplaza ignorando su poder, pero asumiendo inflexiblemente todos los derechos de su acto público.

Hay que leer a esos hombres. Para precisar nuestra propia interiorización en los reclamos que esa presencia articula como un discurso vivo. Pero también para sumarnos al habla que allí dice el primer día de un país que confluye.

Porque en estos parques universitarios la cultura popular es el primer balance de un país que se negó tercamente a entenderse por los términos vivos de lo que, sin embargo, era su única posibilidad de ser.

Esa cultura popular no corresponde más a la jerarquía establecida de una sociedad colonial: es, en primer lugar, un conocimiento del mundo comunitario y transmutativo. Es también una cultura que desde la periferia inicia su contaminación de la vida urbana, donde fluye el interior del país, ya sin fronteras.

En la plaza pública hay una existencia popular que suma los tiempos. Esa renovada muchedumbre gana en su fiesta comunitaria una dimensión que trasciende la zozobra de sus propias situaciones. Una dimensión perpetua: son de siempre, y ocupan plenamente la tierra que liberan.

Por eso, la plaza pública es la conciencia popular: el pueblo gana allí el poder de su reclamo, la condición colectiva donde sus individuos son más que una clase, son el país que merecemos.

Porque en estos años un extraordinario acontecimiento nos convoca: en el Parque Universitario ha ocurrido la segunda fundación de Lima.

64

19

LA OFICIALIZACIÓN del quechua es sólo el punto de partida para replantear entre nosotros el lugar y la dimensión de la cultura andina. Pero es también, y de allí su enorme importancia práctica, el único punto de partida correcto. No sólo porque nuestra lengua nativa recupera sus primeros derechos luego de su secular ostracismo, sino fundamentalmente porque hay que suscitar desde ella todas las consecuencias de una legitimización total del mundo andino.

Sabemos muy bien hasta qué extremos de dominación y ostracismo condujo el Perú a la cultura andina, en un ejercicio pocas veces visto de violencia étnica, que no requirió aniquilar al indígena físicamente, pero que, en cambio, le desposeyó implacablemente hasta negarle toda legitimidad.

Sólo al precio de perder su identidad, la marca india, podía el aborigen incorporarse al lado hispánico en una integración que además seguía siendo clandestina; otra forma del mismo estado de emergencia. Por ello, no sería posible entender la naturaleza de la sociedad peruana sin partir de esta capacidad de violencia, que precisamente nos funda como un holocausto cultural. Porque la nuestra es una sociedad que nace con un acto criminal: la negación del aborigen, de sus derechos humanos y culturales, al que la sociedad nacional condena a la insularidad, al espacio sin lugar de la sola sobrevivencia.

Y sin embargo, ¿cómo no entender el bárbaro nacimiento de nosotros mismos como una suerte de suicidio diferido? Porque en el mismo acto con el cual el Perú niega todo futuro a la cultura andina, está igualmente su propia auto-negación de país. Con extraordinaria violencia durante varios siglos intentamos la exclusión del universo andino, pero esa negación dramática también nos implicaba, nos fracturaba. Y, reveladoramente, en la cultura peruana la parte maldita, la mayoría negada, es la que mayor energía demostró y preservó. La violencia minó su desarrollo, deprimió su certidumbre (les habíamos pedido que no creyeran en ellos mismos, pero les impedimos que creyeran ser como nosotros); pero no solamente fue una violencia incapaz de destruirla (y quizá porque algo de la víctima estaba en nosotros), sino que aquella parte maldita rehizo nuestro universo y nos dio nacimiento.

Es así que la negación fue evidenciando su crimen como un verdadero acto fallido: no había podido desterrar a la parte andina, donde creíamos ver nuestra caricatura materna, y la violencia de ese rencor de pronto revelaba su blanco verdadero al girar sobre nosotros. Una violencia sobre la que resta todavía mucho por decir.

Conforme sea más claro que la caricatura somos nosotros mismos, que la certidumbre no nos destina, será también más claro que un rostro real nos aguarda en la certeza del otro que somos nacionalmente.

Porque ni siquiera somos una cultura simplemente dual, andina e hispánica; estamos demasiado teñidos unos de otros para separar lo propio de lo ajeno; cuando, por añadidura, lo más propiamente nuestro es aquello que todavía no hemos liberado y encarnado.

En esa virtualidad de lo que empezamos a ser podremos acaso realizarnos como una transfiguración cultural. Porque, en lugar de una aculturación mecanicista, vivimos una transformación mutua, que nos convierte en la gestación de lo que tendrá que ser una cultura universalizada por su realización nacional.

Esa alternativa se deja percibir como el desafío de un acto extremo, que nos reclama. El acto de una transfiguración nacional, donde una cultura (una visión del mundo) es también la inteligibilidad con que el universo humano vuelve a ser definido por la historia de los pueblos.

Y, no obstante, ello no es una hipérbole: las grandes culturas centrales de Occidente perdieron su vieja hegemonía, y lo que hemos conocido como civilización occidental dejó de ser la norma universal. Como muchos otros pueblos del Tercer Mundo, antes de un dilema de civilización, nosotros fuimos una plenitud cultural. Nuestra historia tendría que recomenzar como otro ciclo de una cultura que sobrevivió heroicamente en la dispersión y la violencia; siempre a punto de la extinción pero siempre en un primer día de la historia nacional, como a las puertas de esa historia que no acabó de franquear. En ese espacio de nadie fue sometida y despojada, pero se transformó y expandió; y su capacidad de respuesta está intacta, y en ella el país es imprevisible.

Hemos dejado atrás varias versiones sobre el Perú, y entre ellas las opciones del hispanismo y del indigenismo, así como la de una mecánica aculturación. No hay, pues, una disyuntiva entre los mundos andino y occidental-hispánico del Perú: en la práctica de estas culturas, los acontecimientos de la dualidad se objetivarán como el discurso de la metamorfosis, tal como la historia de la cultura prueba que ocurrió universalmente. Allí donde converge y se abre no la síntesis ni el sincretismo sino la multiplicación, la identidad desencadenada de los pueblos en gestación. Quizá en ese futuro todos los peruanos hablemos quechua y español para comunicarnos dentro de una cultura libre y plena. Esta utopía peruana no es sino una versión de las alternativas de realización colectiva que aguardan a los pueblos del Tercer Mundo.

Pero no creamos de ningún modo que una metamorfosis de la vida peruana será posible sin la transformación de las pautas que tradicionalmente nos han disuadido de nosotros mismos. Esas pautas son económicas y políticas, pero también ideológicas e institucionales. Afectan a la estructura y a la superestructura; nos impiden entendernos en el pasado y nos recusan como proyecto. Hijas de la violencia, ilustran la ausencia de legitimización que signó la vida nacional.

20

LA CULTURA nacional debe ser entendida como la alternativa de nuestra propia realización histórica, no como una simple divergencia frente a la cultura universal. Contrariamente a las ideologías regresivas, que entendían cultura nacional como un particularismo romántico, nuestra concepción progresista de la cultura nacional parte de su capacidad de apertura. Esto es, de su proceso de realización contemporánea y su proyecto constitutivo de la sociedad.

Una concepción progresista de la cultura nacional no presupone una interpretación ideologizada de la misma, sino el entendimiento cabal de sus términos reales en el marco de la sociedad y la historia peruanas. En el diagnóstico de esa realidad aquella concepción opta por el cambio; es decir, por la necesidad de articular una nacionalidad disgregada a través de la liberación de la capacidad creativa y el ejercicio crítico.

Al mismo tiempo, la capacidad de apertura de la cultura nacional (o sea su capacidad incorporatriz y autogeneradora) no significa de ninguna manera su condena al museo moderno de las culturas periféricas. Porque nuestra cultura nacional no requiere sólo precisarse como tal, sino que también requiere recusar la pacificación impuesta por los centros culturales homogenizadores, que buscan entender a las culturas del Tercer Mundo como simples elaboraciones de un estado de emergencia. Ese neoprimitivismo, que nos asume como culturas emergentes, es la última fase colonialista: la que promueve una respuesta de la periferia para incorporarnos como la nueva noción del buen-salvaje. Contra esa universalización de la crisis occidental debemos precisar nuestras propias incorporaciones y deslindes frente a la cultura.

Una realización cultural parte de sus términos nacionales

porque se basa en la capacidad creadora de la experiencia social. Esta premisa asume esta evidencia: la cultura traduce el proyecto nacional como su configuración.

Pero la cultura nacional no es únicamente la suma superior de los cambios en la estructura y las transformaciones en la superestructura (cambios en las relaciones de trabajo, propiedad y producción; transformaciones en las instituciones y las ideologías); sino que la cultura nacional debe ser asumida, en tanto sistema que encarna un proyecto social, desde su centro gestor: el trabajo cultural.

Si un proyecto nacional se constituye como cultura, ello quiere decir que ésta viene a ser la dimensión teórica de la existencia social. No en un sentido ideologizado, sino en el sentido de una configuración objetiva. En esa configuración los discursos de la cultura (sus hechos y sus hipótesis) representan a las fuerzas sociales, al espíritu nacional popular (Gramsci) en su proceso de objetivación.

La realización cultural de un país funda así una civilización. Pero ello no es un modelo finalista ni un voluntarismo político: es un trabajo específico. En el uso burgués de la noción de cultura nacional ésta perseguía simplemente la indiferenciación pasiva de las contradicciones internas de la nacionalidad. Entre nosotros, en cambio, es preciso partir de las "clases culturales", esto es, de las subculturas que operan dentro de una falseada comunidad nacional. El proyecto nacional acrítico de esas subculturas se da dentro de los términos de la dominación interna y bajo las jerarquías burguesas de privilegio, que suponen una dependencia reductora. Dependiente de los centros homogenizadores, la subcultura dominante se identifica por ello con la ideología del Estado burgués.

En nuestro país la subcultura de la clase dominante basó su hegemonía en la ideología de un Estado ilegítimo. Identificó, por lo mismo, su jerarquía dependiente con la subcultura nacional dominante. Para ello requería negar a las subculturas nativas todo proyecto social que no fuera el de una integración etnocida.

Es por esto que el trabajo cultural nuestro tiene que pasar por la crítica de los aparatos ideológicos del Estado burgués y de los sistemas valorativos que ellos sobreimpusieron a un país multinacional.

Es frente a un Estado concebido en proceso de transferencia del poder (o sea: desde las fuerzas sociales entendidas en proceso de autogobierno) que una cultura nacional podrá dinamizar un proyecto nacional mayoritario. Por ello, una teoría de la cultura nacional (un diseño del trabajo proyectivo del cambio) tiene que actuar a partir de las condiciones reales de la transformación procesal, para traducir desde la crítica y la impugnación, la dinámica de ese proceso.

La conciencia crítica y la imaginación impugnadora son las herramientas del trabajo cultural. Es desde esta noción que las diferencias establecidas por la crítica burguesa entre "alta cultura" y "cultura popular" dejan de tener sentido. Porque en un trabajo cultural desencadenado por la emergencia de las fuerzas sociales en curso, la cultura es la metamorfosis dinámica de las opciones de la existencia social. Esa elaboración no es un ingenuo testimonio ni una prédica finalista. Es realmente una encarnación de imágenes, análisis y opciones: un discurso, por eso, donde la conciencia popular ensaya su dimensión crítica objetivada. En las formaciones culturales se manifiesta la energía del autorreconocimiento.

En este proceso del trabajo cultural desaparece asimismo la distinción restrictiva entre el intelectual y el artista popular, que la división del trabajo había impuesto como marginación de ambos. Porque los trabajadores de la cultura son una expresión, en sus productos, del mismo espíritu nacional en la dinámica de una conciencia mayor.

Para una primera fase del trabajo cultural nacional la crítica debe cuestionar las distorsiones del antiintelectualismo así como la idea burguesa del trabajo intelectual abstraído de su producción histórica. Tanto como debe cuestionar la noción ingenua de la producción del arte popular desde un mercado de consumo. Porque de lo que se trata es de que el trabajo cultural potencie la existencia social que lo señala.

Pero el trabajo cultural, a su vez, requiere recuperar su naturaleza comunitaria. Como fundación del consenso cultural, este trabajo se cumple primero en tanto ejercicio pleno de la vida cotidiana. De allí que debamos elaborar los términos de una participación en la cultura, sin la cual este trabajo seguiría desligado del horizonte comunitario. Esa participación no puede ser concebida sino restrictivamente como difusión, la que privilegia un ingenuo activismo epidérmico y termina imponiendo versiones burocráticas de la cultura de la clase media. Todo entendimiento serio de la participación cultural pasa por la crítica a los aparatos culturales de Estado.

Esa participación, por lo tanto, debe partir desde las bases del trabajo cultural. En la transferencia de los recursos y medios es donde se generará una autogestión en la cultura, capaz de potenciar creadoramente el proceso de cambios que constituye a la experiencia social. Pero si el trabajo cultural marcha a la zaga de esos cambios es improbable pensar que la cultura nacional traducirá el proyecto de una comunidad que se rehace.

21

LAS INTERPRETACIONES que buscan revelar una naturaleza psicológica nacional, a través del cuadro de las costumbres, terminan habitualmente pagando tributo a la idea decimonónica del "espíritu de los pueblos". O lo que es similar, a la idea particularista del "carácter de los pueblos". Ambas perspectivas convierten a las expresiones sucedáneas del subdesarrollo en virtudes identificatorias de lo nacional.

Por lo mismo, lo nacional requiere precisarse, en primer término, en el marco de la internacionalidad histórica: esto es, en nuestra pertenencia al conjunto de países que emergen del colonialismo y que se definen en sus trabajos anticolonialistas. Países del Tercer Mundo, cuya convergencia ha de diseñar, no sin diversos confrontamientos, nuestra versión de lo contemporáneo.

No se trata, pues, de reinterpretar lo nacional sino de producirlo. Y si bien es cierto que la interpretación también es productiva del sentido posible, no es menos cierto que ella se mide en un orden objetivo de los hechos. Así, la experiencia peruana, que es la interpolación de varios discursos, tendrá que articularse como un sistema cultural que traduce una expresión social. En cambio, la interpretación cultural del país sólo ha sido tributaria de su marco cultural respectivo. De lo que se trata, por ello, es de que a la interpretación totalizadora suceda la teoría crítica de la cultura nacional. Una teoría que efectivamente contribuya a producir las interpretaciones de la expresión social y el proyecto histórico.

Pero a su vez la teoría de la cultura nacional, que es la crítica de la experiencia peruana y la objetivación de su proyecto, sólo puede darse como una práctica cultural.

Esta práctica es un instrumento del cambio: hace del pasado cultural (nacional y universal) un proceso hacia la plasmación del proyecto colectivo. Ese proyecto se manifiesta en la cultura nacional como una sobrenaturaleza compartida. Esto es, como la ganancia del sentido.

Frente a la cultura nacional es cierto que la cultura no hace sino internacionalizarse cada vez más. Pero así como es cierto que el mundo no homogenizado (Darcy Ribeiro) por las sociedades superdesarrolladas, puede ofrecer una alternativa distinta a la internacionalización de la tecnología, en una opción del desarrollo autosostenido; no es menos cierto que la cultura nunca está suficientemente universalizada y siempre es condicionadamente universal. Hay que liberar, pues, los mecanismos productivos en que se basa su difusión, tanto como hay que incorporar desde su uso toda esa producción.

Para nosotros, desde un proyecto de revolución nacional, debe ser claro que nuestra práctica cultural es también una actualización. Se define como cultura sólo en el momento en que la hacemos. No hay que olvidar que los catálogos, los repertorios y los museos de la cultura no son sino la otra cara de la actualidad reproducida de su difusión: un discurso como otros tantos posibles; una opción, una selección, que orienta su consumo. La misma Universidad paga así su modernidad. No es casual que la cultura sea por eso dinamizada por una cultura nacional, desde otra expresión social. No es casual porque, como la literatura latinoamericana lo prueba, desde esta expresión la hacemos.

Para que este fenómeno de incorporación no se limite al solo nivel de los productores de cultura, es fundamental que se socialice. La práctica cultural sólo puede cumplirse en el proceso de creación cultural colectiva, que desde la participación trabaja el habla de lo nacional como un discurso de hechos culturales.

La cultura nacional es el lugar donde se sostiene la vida comunitaria superior. Su proyecto alude a una existencia social realizable. En la práctica cultural aprendemos que somos posibles. Porque al reconocernos como experiencia representada, producimos una conciencia que no cesa. Una comunidad nacional es también una realidad universal. Y si realmente somos actores de una liberación contemporánea es porque lo somos en una comunidad de naciones sublevadas.

Marcuse define a la cultura como proceso de humanización. Hay que añadir que la cultura nacional entiende ese proceso en la liberación. Para Gramsci la lucha por una nueva cultura es la lucha por un nuevo humanismo. Que esa alternativa recomience en nuestras manos, desde una expresión social desencadenada, significa que nuestros trabajos, nuestra práctica cultural, requieren realmente vertebrar los discursos culturales como el nacimiento de un proyecto de realización; nacimiento que es también el de la cultura. Pero no es la originalidad lo que está en juego aquí. Es, más bien, la posibilidad del sentido.

Como la práctica revolucionaria, la práctica cultural busca cambiar el mundo. Pero en tanto sobrenaturaleza: en tanto fusión de naturaleza y cultura en la conciencia colectiva. La revolución transforma el mundo; la cultura, que es la crítica y la dicha de sus actos en la constitución de su proyecto, funda, desde ella, el *Nuevo Mundo*.

22

LA MODIFICACIÓN de la estructura económica nacional por el desarrollo de una alternativa autogestionaria (ensayada en el Perú con la Propiedad Social) permite considerar, al menos teóricamente, las modificaciones que deberían generarse en este proceso al nivel de las superestructuras. Específicamente, al nivel todavía no objetivado de la cultura nacional. En efecto, en la medida en que la Propiedad Social pueda afirmar y desarrollar su capacidad de cambio socioeconómico, en el proceso de constituirse el modelo inicial de una sociedad autogestionaria; en esa medida será posible la articulación de las expresiones de la cultura peruana como la dimensión objetivada de una práctica del cambio que configure la interrelación del ejercicio productivo, la decisión política y la comunicación identificatoria.

Una extraordinaria posibilidad se genera, pues, en el desarrollo alternativo y moderno de la autogestión. La posibilidad de que, sobre un cambio estructural efectivo, se suscite este ejercicio articulado de la expresión cultural. En primer lugar, ello tiene que producirse como un desencadenamiento connatural: la experiencia de la cultura nacional, todavía distorsionada por la dominación y la prevalencia de jerarquías homogenizadoras y anómalas, recuperará, en la autonomía de la producción autogestionaria, las vías más propias de su reproducción. Esto es, recuperará la dimensión cotidiana de su ejercicio desde la legitimación social y económica de las mayorías nacionales. Es considerable la liberación expresiva que ese cambio radical pueda generar en las bases sociales. Porque esa expresión de la cultura nacional reconocerá un reajuste a sus fuentes definitorias: la conformación de un universo simbólico donde se reproducen los signos de la práctica social. Pero, en segundo lugar, es preciso crear los mecanismos necesarios para que este proceso cobre toda su valencia dinamizadora. Porque las expresiones culturales que se generen en el interior de la experiencia autogestionaria, deberán todavía superar por igual su subjetividad como su absorción en un mercado de la cultura popular. Ello quiere decir que deberán reproducir una conciencia objetiva, de reconocimiento creativo y crítico; y que tendrán que quebrar las leyes distorsionadoras de una demanda que convierte a la cultura popular en fuente del pintoresquismo; esto es, en subproducto nacional, marginado y dominado.

De lo que se trata es de devolverle a la producción cultural, a todos sus niveles, su carácter de personalización. Es decir, su condición realizadora de la existencia social cotidiana. Las condiciones para ello germinarán en la interiorización nacional de la autogestión: pero sólo se objetivarán en un efectivo movimiento de la cultura nacional a través de los mecanismos de cambio que sepamos introducir en el circuito de la reproducción cultural. En primer término, se trata, por ello, de redefinir la función del Estado.

Del mismo modo que el aparato administrativo del Estado, que se define por su autonomización frente al proceso del cambio estructural, supone una barrera difícil de franquear para el progreso de la autogestión (ya que la autogestión debe crear las formaciones socioeconómicas capaces de remplazar el poder monopólico del Estado); supone también una limitación condicionante para el desarrollo de una cultura nacional liberadora. Los aparatos ideológicos del Estado (que van desde la administración cultural hasta la educación y la prensa) tienen en el Perú, por lo mismo, que ser sometidos a un análisis crítico permanente; que no sólo lleve a cabo su evaluación como sistema administrativo, sino que, sobre todo, proceda a su desmonopolización como sistema burocrático de una autonomía del poder, la que persigue incautar el cambio político. Bien sabemos que las revoluciones que no cambiaron el aparato estatal han transcurrido sin modificaciones reales en la estructura. A ese cambio debemos todavía añadir uno más sistemático: el de los aparatos ideológicos de Estado.

El cambio en la superestructura, que supone una modificación de los aparatos incautadores de la dinámica social, sólo es factible, precisamente, en la transferencia procesal de los mecanismos de control estatal hacia las organizaciones sociales; y no otra cosa es la condición dinamizadora de la autogestión. En la cultura, así, no es concebible una recuperación nacional de la práctica del consenso sin la desmonopolización de los aparatos ideológicos de Estado; o sea, sin su progresiva transferencia hacia la decisión autogestionada. Es más: los términos "aparato ideológico de Estado" y "cultura nacional" son términos reñidos en su propia naturaleza: sólo un Estado revolucionario (que para nosotros sólo puede ser un Estado por delegación de las organizaciones autogestionarias) puede, pues, proceder a su propia desmonopolización; lo cual no quiere decir su destrucción, sino, más propiamente, su ejercicio directo por los productores, por las mayorías nacionales.

Si la Propiedad Social puede, pues, constituir la base estructural de una regionalización económica del país; y, por tanto, una fuente política del gobierno local; puede también, si en efecto es posible mantener los mecanismos de una transición económica, sustentar la dinámica social de la cultura nacional. Pero todavía nos falta reflexionar sobre los nuevos mecanismos articulatorios que deberemos implementar, desde las bases de la autogestión, para que la producción cultural emerja con sus poderes de reconocimiento; con su capacidad de dicha y su capacidad de crítica.

La experiencia cultural, que es defectiva en muchas zonas de su circuito productivo, es también dinámica y generosa en sus fuentes, en su energía liberadora e identificatoria. Nuestra práctica social está dada en esa expresión: nos falta objetivarla, formalizarla, articular los discursos que ha elaborado. Por jugarse en ello una alternativa humanizada nacionalmente, tenemos que asumir la responsabilidad, hasta ahora eludida o distorsionada, de una cultura nacional latinoamericana en la cual reconocer el sentido de nuestros propios trabajos.

23

EN LA legitimidad de una revolución (en sus fuerzas sociales y en el cambio sistemático) se sustentará también la posibilidad de la crítica como instrumento de reclamo público. Esto es, como conciencia social donde la más válida alternativa peruana, la transición al socialismo, debe reconocer los términos de su propio debate así como su trabajo en el orden de los valores.

La crítica es otra praxis de la teoría revolucionaria. Y si podemos forjar la orientación ideopolítica de la revolución posible, nos es preciso plantear las formas necesarias de su actividad crítica.

Dos funciones son iniciales para la crítica: la de fiscalizar los actos del Estado y la de descomponer y revelar las pautas tradicionales de la alienación. Pero todavía falta que ambas funciones interactúen a través de la participación, política y cultural, como la conciencia de una expresión social.

La creación de fórmulas críticas, en la dialéctica del cambio y su coyuntura, exige remodelar radicalmente la función de las comunicaciones entre nosotros. Por un lado, es preciso que el Estado desmonopolice las fuentes de la comunicación, que en buena parte él mismo controla, en una sucesiva ampliación de la transferencia y la autogestión. Es fundamental, por otro lado, que los organismos de base creen formas propias y originales (y no sólo a nivel de la prensa escrita) para que se dé el necesario debate entre las instituciones y las bases, y se plantee la opción del autogobierno.

Y si la crítica debe ser entendida como el espacio de discernimiento que articula el reclamo de nuestras necesidades, es fundamental que su acción cumpla dos funciones básicas. Primero, cristalizar el sentido de los cambios. Segundo, trascender al restrictivo marco individual.

Activar la participación social en la crítica mediante la transferencia sucesiva de sus medios, sería una experiencia enteramente nueva que pondría en primer plano la presencia decisiva del pueblo organizado. Sobre esta actividad de las bases, la proyección revolucionaria de la crítica propiciaría no sólo una madurez política sino, esencialmente, la conciencia del proceso sociocultural en el proyecto socialista que nos convoca.

La crítica sólo puede abrir paso a la serie de los cambios, porque su ejercicio descodificador es una conquista de los cambios mismos. Porque la capacidad creadora de la crítica, que es la energía de la conciencia social, se hace posible cuando actúa directamente en el edificio sociocultural desde sus bases, como instrumento definitorio de opciones y proyecciones. Antes de la revolución, la crítica es una isla de las ideas: una zona germinal, aislada y desautorizada por todos los poderes establecidos. Pero dentro de la revolución, e insertada en su sentido libertario, la crítica se convierte en trabajo de apertura e impugnación, en un método desencadenante; y, por lo tanto, en la revelada contradicción de las fuerzas sociales al interior del mismo proceso del cambio.

El libre ejercicio de la crítica como elaboración de conciencia es la única opción con que contamos para transformar de raíz la defectibilidad histórica de una sociedad mediatizada por su condición colonial y por su mala conciencia cívica. La crítica como un nuevo discurso colectivo que cuestiona en todas sus depresiones a la experiencia peruana, posibilitará que podamos ejercer la denuncia en lugar del rumor; la discusión en lugar del monólogo autoritario; el análisis en lugar de la inconsistencia o el dogma. No sólo como individuos podemos plantear opciones críticas, y también a este nivel la crítica tiene entre nosotros que ampliar sus registros.

La tradición reflexiva marxista enseña la invalidez de la ideología pura, así como los condicionamientos ideológicos de clase en los idealismos. La crítica que trasciende los testimonios de la persona, propone también que su ejercicio es un acontecimiento que transgrede un orden de significación y que apertura otro discurso: sin prohibición y sin poder, que nos pone a prueba en su práctica.

24

Es NECESARIO manifestar la estructura de nuestra ruptura histórica como un sistema del cambio. Y para ello es preciso continuar el diseño específico de nuestras necesidades. Porque una parte del trabajo del cambio se da en la respuesta resolutiva de nuestros problemas sociales y económicos. Y otra parte, no menos decisiva, en el discurso que articulan esas respuestas; en su cristalización que, para nosotros, deberá decidir la posibilidad de un socialismo distinto, donde se conjuguen la *revolución permanente y la autogestión.* Esto es, la convergencia de la historia y la sociedad peruana en una alternativa cultural del cambio.

Una revolución se manifiesta también en el debate de los términos en juego: la historia y la política, que inducen su serie de las transformaciones, la dinámica de su modelo.

Nada es más propio a una revolución que la necesidad de mantener su capacidad de cuestionamiento en todos los frentes. No podemos entender a la revolución sino como este ejercicio de interrogación permanente, que hace suyo el principio de crítica en todos los niveles (además la crítica a la razón política) para subvertir el edificio represivo tradicional.

La revolución es una crítica de la historia porque supone que desde su mismo origen la historia está por hacerse. Aquí radica la capacidad descodificadora del cambio: abre un espacio de impugnación en la serie establecida de los repertorios, y la realidad toda se revela como una serie incompleta, como acontecimiento posible.

Por eso la revolución recusa nuestro sentido del presente, porque pone en duda el orden de la memoria del pasado, al mostrarlo como defectivo. En cambio, nos entrega un presente sublevado: los tiempos de la historia se rehacen porque el cuestionamiento los lee con sus propios reclamos intransigentes.

La revolución, sin paradoja, nos propone una historia actual del porvenir. Su presente incorpora la virtualidad de los hechos; porque los hechos del cambio no pueden ser medidos sólo con la aritmética de las estadísticas, allí donde lo probatorio es un ordenamiento de distinto signo. Esta afirmación de los fines haciéndose, esta actualidad de una serie virtual, introduce en la sociedad cambiante el eje de la condición revolucionaria; su práctica crítica como discontinuidad, como habla del acontecimiento.

La historia de las revoluciones demuestra que sus disoluciones se produjeron cuando la dimensión política excluyó totalmente al proyecto radical histórico. El deseo de una historia sin errancia fue coyunturalmente puesto entre paréntesis, y luego borrado por las exigencias mediadoras de la política entendida como un pacto de fuerzas y un equilibrio de poderes compartibles.

Repensar los términos de una revolución, cotejarlos a la luz y a la sombra de los hechos de su proceso, es fundamental para nosotros.

Ese trabajo no es solamente político: es totalizador. Porque compromete nuestra acción concreta y nuestra acción proyectiva. La fuerza de nuestras tareas y la fuerza de nuestra imaginación. Porque la revolución no es, de ninguna manera, una ideología mecánica o una opción más de nuestra actualidad política. Es el país mismo como acontecimiento contemporáneo de nuestro destino.

LA VINCULACIÓN entre la escritura y la acción política es un orden privilegiado del discurso: sus unidades no corresponden a la profesión de las letras ni a la profesión de los activistas, sino que convergen en una acción del pensamiento, críticamente. Si tal discurso posee una raíz, ella proviene de otra suma: la de los orígenes de la palabra que busca cambiar la realidad al creer que es posible la acción de una conciencia social.

Orígenes que son un proyecto, por lo mismo, pero también una encarnación: espacio de un discurso que nos incorpora y nos destina, más allá de los dilemas del poder, en la construcción de un lugar de los encuentros. Esa conciencia colectiva nos despierta y constituye. Porque es en el discurso de los hechos donde somos nombrados. La imaginación creadora y el cuestionamiento crítico fundan el espacio sublevado de esa conciencia. Lugar por ello del origen.

Contra todas las políticas tradicionales, esta política es otra. Busca al centro del país, en el habla de su conciencia, nuestro origen común: no sólo como un problema sino como una existencia que nos resuelve.

Éste es el nuevo lugar de referencia que nos informa. Y de concurrencia, porque los mecanismos políticos que nos permitan ejercer nuestra práctica social tienen todavía que generar el movimiento que suplante a los poderes.

En ese movimiento todo acto constitutivo del espacio espiritual desarrollará su función social desde el país sublevado al país deseado. Allí se abren las puertas hace tiempo cerradas. Porque esta experiencia peruana, latinoamericana, que es nuestra condición humana resolviéndose como escritura de la historia, nos conforma en la alternativa moderna del cambio del mundo.

Siendo la misma, esa remota escritura es también otra: aquella que deberá realizarnos como una forma mayor de la conciencia contemporánea.

ADDENDA: CRÓNICA DE CONDICIONES Y CONTRADICCIONES

La cultura peruana: experiencia y conciencia, parte de los artículos que entre septiembre de 1974 y marzo de 1976 publiqué en el diario *Correo* de Lima, cuyo comité directivo integré en el proyecto, al final frustrado, de la socialización de la prensa peruana. Creo que este libro se sostiene en su sola postulación crítica, pero no sólo por su origen sino también por sus opciones está ligado al movimiento intelectual que compartí en esos años, y cuyas nuevas respuestas a la crisis y desarticulación del país este trabajo también comparte. De allí que este Apéndice parece imponerse, no como una explicación posterior sino como un testimonio que busca ilustrar el clima político e intelectual en que una reflexión sobre el Perú reconocía su drama y opción. Al final del libro, y al final de una etapa política, la demanda de los nuevos hechos inicia el balance crítico (un discurso de la derrota) y el recomienzo de las respuestas (un discurso de la resistencia); doble relato que no en vano compartimos con otros intelectuales latinoamericanos que, como nosotros, viven la zozobra de las alternativas revolucionarias y, al mismo tiempo, la claudicación de algunos intelectuales que en la década del 60 habían sostenido el lenguaje del cambio.

Para contribuir, pues, con la elaboración latinoamericana de un discurso de la derrota he escrito este testimonio de los últimos días del proceso revolucionario peruano. Proceso que fue atípico —al ser originado por un movimiento de militares progresistas—, pero que fue también una respuesta enraizada en el proceso más amplio de la movilización política peruana, de los conflictos de sus fuerzas sociales, de los dilemas y alternativas de un país que modernamente emerge a la conciencia de sí mismo. De ninguna manera este proceso peruano fue una revolución como la que hubiésemos deseado, pero fue la única opción posible de cambio real allí y entonces: había que responder a ella, actuando, o de lo contrario eximirse de ella. Así, este discurso de la derrota supone el fracaso de una opción que pareció desencadenar las fuerzas populares en una etapa de transición al socialismo, pero de ninguna manera el fracaso de su razón mayor. Porque si en el horizonte de la política vivimos hoy en América Latina la destrucción sistemática de algunos modelos de la transición, las nuevas condiciones y contradicciones supondrán otras formas de respuesta. Discernir esa derrota en el discurso crítico debe, por lo mismo, contribuir con una escritura pública de la resistencia.

Es por eso que este testimonio parte de una experiencia común: la de los intelectuales peruanos socialistas, y desde la movilización convergente de las organizaciones populares. Consiente a una primera persona sólo por imposición del relato, aunque busca su razón fuera del testimonio, en los hombres y mujeres que fueron capaces de creer y responder. Comunicar la fuerza de ese riesgo tal vez justifique al testimonio en el espacio de las nuevas opciones.

1

La tarde del 6 de enero de 1977, cuando Ángel de las Casas me dio la noticia inconcebible de que el gobierno del general Francisco Morales Bermúdez había decidido la deportación del general en situación de retiro Leonidas Rodríguez Figueroa, uno de los hombres más importantes del proceso revolucionario peruano y la figura política más visible del recientemente creado Partido Socialista Revolucionario, yo me encontraba preparando mi propio autoexilio, luego de casi tres años de trabajos en ese proceso. Creo que no hubiera podido quedarme más tiempo en mi país, no sólo porque era improbable otra tarea con un mínimo margen de sentido político, sino también porque requería proseguir con mi propio trabajo intelectual, que se hacía difícil entonces allí. Pero la noticia de la deportación de este amigo me conmocionó. Desde que fue evidente que el proceso revolucionario peruano entraba en una fase de congelamiento y desmontaje, Leonidas Rodríguez se había convertido en la figura política emergida en los años del proceso capaz de reconducir y renovar los ideales de una revolución posible con el sustento de las bases sociales movilizadas por los cambios ocurridos en el país. Habíamos considerado que el gobierno de Morales Bermúdez podría llegar a tomar esa decisión, pero creímos también que la autoridad moral y el arraigo político de Leonidas Rodríguez impedirían una medida que haría evidente la falta de legitimidad de un gobierno sin sustento real. Una vez más, como en 1973, cuando volví al Perú después de varios años de voluntario peregrinaje intelectual, sentí el poderoso llamado de un compromiso político con mi país, la suerte de responsabilidad que uno todavía cree la inteligencia tiene en el esclarecimiento de nuestros dilemas y en la posibilidad de mantener un espacio de reclamo para el cambio. Con Ángel de las Casas revisamos una vez más este drama del exilio. Pensé que la expulsión de mi amigo el general Rodríguez señalaba una situación que de alguna manera clausuraba también mi activa y varias veces frustrada, a pesar de breve, experiencia política, allí y entonces. Era claro que su deportación significaba que en el plan restaurador inmediato —que suponía una consulta electoral— se iría a reprimir al Partido Socialista Revolucionario, una alternativa popular en proceso de organización, que podía haber competido —y que confío pueda hacerlo todavía, a pesar de la represión— con la organización de la derecha en el país.

Varias veces había yo vivido, con la lucidez dramática de sus detalles, las evidencias de una derrota. Cuando el propio general Velasco Alvarado, en junio de 1975, dispuso la deportación de varios políticos e intelectuales de izquierda en un acto que parecía evidenciar el retroceso de su gobierno minado por los generales de derecha; cuando en octubre de ese mismo año, dos meses después de que el general Velasco fue depuesto por un movimiento de los generales progresistas en nombre de la profundización del proceso revolucionario, Morales Bermúdez, el supuesto conductor de esa profundización, provocó la renuncia de Leonidas Rodríguez; cuando el 15 de marzo de 1976 el mismo Morales Bermúdez, en otro acto de la escalada del desmontaje, eliminó a los directores de los diarios reformados (yo era subdirector de *Correo* y renuncié ese mismo día) para eliminar la crítica y una vanguardia progresista emanada del mismo proceso de los cambios; cuando en julio de ese año, en un cambio de gabinete, concedió Morales el retiro del general Jorge Fernández Maldonado, y entre tantos técnicos e intelectuales progresistas, la renuncia de Ángel de las Casas a la Comisión Nacional de Propiedad Social.

Pero había vivido también, muchas veces más, la evidencia y la razón de las reformas iniciadas en 1968 por el Gobierno Revolucionario de la Fuerza Armada, aunque planteadas desde muy atrás por la práctica social, y que son una instancia de la necesidad más amplia, y también más radical, del cambio y la justicia en mi país. Así, cuando el 27 de julio de 1974 se inició el proyecto de socialización de la prensa escrita, y los intelectuales progresistas nos comprometimos en él; cuando desde el diario *Correo,* cuyo comité directivo integré con Hugo Neira y Francisco Guerra García, contribuimos a detener al llamado Movimiento Laboral Revolucionario, un organismo de métodos fascistas que nació al amparo de la derecha militar, cuyo proyecto era constituirse en el germen de un partido político oficial, estatista y antiizquierdista; también cuando desde el diario logramos culminar, a veces en leyes, una serie de campañas populares, cuestionando a una burocracia retardataria y apoyando a las fuerzas sociales desencadenadas; cuando Rodríguez ingresó a la Oficina Central de Información, al tiempo que retenía el mando de la más importante región militar del país, y al conocerlo entonces creí entender que su presencia garantizaba el papel crítico de los diarios reformados; cuando más tarde, y aunque ya amenazados por el giro del poder, todavía podíamos trabajar por la consolidación del modelo autogestionario de Propiedad Social; pero, sobre todo, cuando vivimos de cerca los signos de una movilización política popular que, en contra de las políticas de reconversión del gobierno de Morales Bermúdez, se desplazaba hacia su propia radicalización desde la poderosa Confederación Nacional Agraria, desde la Confederación de Comunidades Industriales, desde la Juventud Revolucionaria, desde los trabajadores del sector de Propiedad Social, desde los sindicatos y las nuevas organizaciones de un pueblo que había cambiado y que ya no podía ser el mismo de antes de la revolución.

Es por todo esto que el 6 de enero la sensación de una derrota parecía mayor. No porque la deportación de un hombre —hecho despótico, que no podía extenderse más allá de un gobierno que jugaba a sus propios plazos de relevo— bastara para sancionar una movilización política, cuya potencialidad y concurrencia podía en el curso de los acontecimientos generar sus propios mecanismos de contradicción a los planes de una restauración. Pero sí porque esta particular deportación se nos aparecía como un límite transgredido, como la violencia ejercida no sólo contra uno de los protagonistas más valiosos de siete años de revolución, que representaba cambios sustantivos como la reforma agraria; también porque se evidenciaba el margen irrestricto de voluntad represora, que al atentar contra un partido como el PSR buscaba eliminar la experiencia revolucionaria de esos años en tanto alternativa y trabajo político todavía por cumplirse y desarrollarse en el país.

La deportación incluía también a Arturo Valdez, Jorge Dellepiani y Manuel Benza, importantes figuras militares de la revolución y miembros fundadores del PSR. La medida era, por cierto, una amenaza a los militares que todavía abrigaban ideas progresistas. Hacía poco que se había deportado a oficiales jóvenes, acusados de pertenecer a un supuesto grupo terrorista. Y se proseguía deportando a periodistas, a dirigentes sindicales, a asesores laborales. El ministro del interior, el general Cisneros, había reconocido públicamente que existía una "represión selectiva". Cuando los perseguidos dirigentes sindicales optaban por refugiarse en alguna embajada, Cisneros llegó a sostener que con ello reconocían su culpabilidad. Basta recorrer los informes sobre el Perú de estos meses en el *Latin American* de Londres o en *Le Monde* para tener un cuadro aproximado de la escalada represiva y del desmontaje del proceso revolucionario. Todo ello, desde junio de 1976, al amparo de las garantías suspendidas, el toque de queda, la eliminación del derecho de huelga, la censura a los diarios, la intolerancia con la crítica, las purgas de progresistas en el Estado, y una permanente persecución policial a los hombres de la revolución. Ni en los peores momentos de los siete años de Velasco se había visto en el país este lamentable espectáculo de mediocridad política.

El Partido Socialista Revolucionario no era, pues, todavía un partido organizado y ya era más que eso: una posibilidad alternativa, el primer canal que podía vertebrar la concurrencia política gestada por el proceso de cambios desde octubre de 1968. Durante siete años habían fracasado tres o cuatro intentos larvales de organización política, unos planteados en contra de la corriente oficial, otros a su amparo. En algunos de ellos el gobierno había detectado, o había creído detectar, la presencia del Partido Comunista, con el cual, sin embargo, guardaba oficialmente las buenas relaciones de un "aliado táctico". En los intentos que el gobierno quiso favorecer, como la Organización Política de la Revolución Peruana, el patronazgo oficialista iría a resultar, a la larga, paralizante. El Frente de Defensa de la Revolución, que inicialmente el propio Morales Bermúdez buscó alentar, pronto asumiría planteamientos contradictorios con los planes del gobierno. El Partido Socialista Revolucionario fue, por eso, la primera propuesta de trascender la crisis política propiciada por los hombres de Morales Bermúdez al haber desarticulado el modelo del proceso revolucionario peruano.

Con Leonidas Rodríguez y otros amigos cercanos habíamos discutido largamente la necesidad de un partido político que a partir de las bases del proceso revolucionario plantease una alternativa socialista peruana, sustentada en la autogestión, la participación y el antiautoritarismo. Este partido tendría que ser el instrumento político de un movimiento participatorio más amplio, que articulase a las bases organizadas en torno de las medidas de reforma estructural vertebrando así el consenso nacional del cambio. La extensa y a veces dramática discusión sobre la necesidad de un movimiento político organizado se actualizaba ahora a propósito del PSR, en un contexto totalmente distinto, cuando lo inmediato era defender las conquistas sociales básicas del proceso y lo central trascender las limitaciones del modelo de este proceso. Algunos amigos opinaban que el PSR no debería alienarse de las clases medias en una competencia política que podía polarizar a las fuerzas de izquierda y de derecha. Otros, que debería evitarse que el PSR simplemente fuese uno más de los varios partidos de la izquierda más radicalizada. Pero todos reconocían la necesidad de que el partido

89

emergiera en esta coyuntura, como una alternativa política concreta, como una respuesta a la desmoralización y la crisis en el momento más difícil de la represión. No es casual que importantes bases campesinas y obreras empezaran a apoyar un movimiento que les resultaba connatural.

Luego de su primer manifiesto público, que los diarios se habían negado a publicar y que más tarde *La Prensa* aceptó como aviso, el PSR demostró su papel crítico. El ministro Cisneros lo había calificado de marxista-leninista, por lo cual, dijo, los militares que lo integran demostraban haber distorsionado el proceso revolucionario. Leonidas Rodríguez respondió que quienes eran responsables de la reforma agraria, la reforma de la empresa y la propiedad social no habían distorsionado sino que habían fundado este proceso, y, más bien, era claro quiénes, ahora, lo estaban distorsionando; además, la acusación de marxista-leninista era tradicional en los representantes de la oligarquía y el imperialismo para desacreditar a los movimientos populares. Tampoco es casual que esta acusación se iría a repetir, a sabiendas de su falsedad, en una polémica política no interesada en la verdad sino precisamente en su devaluación. El hecho es que ya este primer cambio de fuegos demostraba la escasa solvencia política y moral de los militares derechistas y la capacidad de respuesta basada en el peso político y popular de los representantes del PSR, quienes, por otra parte, traducían en esos penosos momentos un estado de conciencia más amplio, y lo hacían con coraje. Pero la implicación política de esta respuesta era mayor: los militares progresistas habían ganado varias batallas contra la oligarquía y algunas contra el imperialismo, mientras que los militares derechistas, atemorizados por la avanzada fascista en el subcontinente y por la crisis económica internacional, arriaban las banderas sin dar una batalla. Fue, pues, evidente que en el plan del gobierno —que pasaba por el desmontaje de las medidas que fundaban las bases de una posible transición al socialismo; por la desmovilización política popular; por el reajuste de la posición internacional

90

a las vecinas dictaduras de derecha; por la restauración de una clase dirigente hecha de políticos y empresarios tradicionales; por la aceptación de la injerencia de los bancos norteamericanos y el Fondo Monetario Internacional en la orientación de la economía; y por la entrega del poder, a través de elecciones, a algún partido político tradicional— la existencia del Partido Socialista Revolucionario, aun en el más bajo perfil de sus potencialidades, aparecía como una contradicción, que Morales Bermúdez intentó liquidar en su mismo inicio.

2

OTROS amigos, en esos días, optaban por una suerte de exilio interno: no comprometerse con el Estado, separarse de la política, aguardar el momento de una respuesta. También los equipos de técnicos e intelectuales que habían trabajado en el proceso, no unidos por un movimiento político formal, sentían los efectos de la crisis política. Francisco Guerra García, con quien coincidí en *Correo,* era uno de los intelectuales y políticos del grupo de compañeros conocido como la "Aplanadora", que en la Convención Anual de Ejecutivos de 1971 recibió ese gráfico nombre al exponer, junto a Leonidas Rodríguez, con quien trabajan en el Sistema Nacional de Apoyo a la Movilización Social (SINAMOS), los programas y reformas de la revolución. Fue allí donde Rodríguez planteó, en uno de los documentos políticos más importantes del proceso, el diseño de una alternativa de desarrollo nacional basada en una economía participatoria. Realmente este equipo era uno de los más brillantes del proceso revolucionario. En una situación particularmente polémica, atacado por la derecha y por la ultraizquierda, observado con desconfianza y temor por la derecha militar y saboteado por la burocracia estatista, el SINAMOS que dirigió Leonidas Rodríguez fue un poderoso instrumento de movilización y de organización social. Mal entendido, confundido con un aparato simplemente de control estatal, que supuestamente buscaba remplazar a los partidos, o crear uno oficial, fue, por el contrario, un amplio y flexible mecanismo de apoyo, de promoción, de gestación, gracias a cuya dinámica no sólo se construyeron carreteras, escuelas, edificios comunales, con la participación de las poblaciones, sino que se gestaron cooperativas, organizaciones vecinales, instituciones culturales, ligas y federaciones agrarias, eventos de carácter nacional, y también grandes confederaciones como la de los campesinos. La tarea del SINAMOS fue inmensa y germinativa; y a pesar de que sus jefes posteriores buscaron paralizarlo, emplearlo incluso para la manipulación, la dinámica participatoria de base que había generado fue capaz de desarrollarse autónomamente. En esos trabajos, el equipo de la "Aplanadora" había introducido un nuevo estilo de práctica política: la opción participatoria de base, que sustentaba la teoría de un socialismo no autoritario para una democracia directa.

Francisco Guerra García fue la persona en quien yo más cerca vi la naturaleza compleja de la acción política. Una acción sustentada en la moral de los medios, en los riesgos del compromiso, en el rigor de la crítica. Su espíritu crítico nos unía particularmente, ya que desde el primer día en *Correo,* y aun reconociendo la legitimidad del poder que entendía como un poder revolucionario, asumí la crítica como un instrumento central. Hemos trabajado juntos en momentos a veces muy difíciles, pues por su propio carácter de revolución "desde arriba", que suponía un poder usualmente hermético, el proceso peruano se manejaba con unas reglas de juego y entre fuerzas contradictorias planteando no pocas situaciones conflictivas. Ya al primer mes, la empresa semiestatal Telecentro me llevó a los tribunales por una dura crítica que hice de su mal uso de la televisión. El temido general Segura, jefe entonces de la Oficina Central de Información, dispuso se retirara la querella, concediendo así la primera prueba de nuestra independencia frente al poder estatal: una pequeña victoria, pero también un primer indicio de disyunciones mayores, que me había llevado por primera vez, y espero que por última, a la primera página de un periódico y al absurdo interrogatorio de un juez. Guerra García, que se había graduado en ciencias políticas en Lovaina y había sido un importante dirigente del Partido Demócrata Cristiano, evidenciaba la extraordinaria facultad de una conciencia política que siendo lúcida era también sensible. Lo que me hizo descubrir en la actividad política un poder intelectual similar al que me era familiar

93

en mi tierra firme, la literatura: la capacidad de la crítica de humanizar un nuevo espacio aperturado.

Hugo Neira había trabajado también en SINAMOS desde que volvió al Perú después de concluir estudios de historia en París; cuando propuso a Guerra que renunciara al SINAMOS y nos acompañara en el equipo de *Correo,* no fueron pocos sus reparos a emprender una aventura periodística, que era ajena a su experiencia; pero se comprometió finalmente en ella en nombre de una común responsabilidad política en el nuevo frente de lucha que se abría con la expropiación de los diarios. Asumió plenamente su papel —más tarde fue director de *Última Hora*— y siempre con la conciencia de que estaba en una función política transitoria, y que en otra situación su trabajo sería otro. Aprendí esa lección, y es por ella que las frustraciones en dos o tres frentes no llegaron a desmoralizarnos; más bien, discrepé de algunos compañeros que al primer embate serio daban sus trabajos, y al mismo proceso, por perdidos. Y cuando casi todo, en efecto, había que darlo por perdido, fueron las fuerzas desencadenadas por el proceso las que proveyeron otra respuesta, la conciencia mayor de una nueva alternativa. A Guerra y a mí nos divertía el que estas funciones laterales se nos hubieran vuelto centrales: y de hecho lo eran en la proyección de nuestros trabajos más propios. Un escritor, metido a político, y él, un científico social actuando como periodista, nos comprometimos íntegramente en esa experiencia excepcional, que era la experiencia privilegiada de una generación, y que nos situaba en la línea de fuego y de apertura del proceso. Yo lo alentaba a escribir —Guerra emplea una prosa directa y persuasiva, capaz como él mismo de veracidad—, y me tocó publicar su primer libro —*El peruano: un proceso abierto*—, en la editorial que premonitoriamente se llamó Libros de Contratiempo. A su vez, él me animaba a escribir sobre mi experiencia de esos años en la prensa reformada: ante el servilismo y la mediocridad de los diarios de después del 15 de marzo de 1976, creía necesario comunicar cómo fue realmente nuestro trabajo en ellos. Guerra escribe ahora un nuevo libro sobre el proceso revolucionario y estoy seguro que ha de ser uno de los análisis decisivos para mejor entender qué pasó realmente en el Perú. También estoy convencido de que este relato sobre nuestra experiencia le debe a su amistad la fuerza moral que me permite emplear aquí la primera persona, excediendo así la modestia de mi papel político en un proceso que gente como él hizo verdaderamente revolucionario.

Porque una revolución se hace con hombres concretos, diré algo todavía de otros amigos. De Carlos Franco, de su extraordinario libro *La revolución participatoria* (1975) quería yo escribir desde que lo leí con enorme provecho. Franco se había recibido de psicólogo social en Lovaina y en sus años universitarios militó en el Partido Comunista, del cual se alejó, como tantos compañeros, cuando fue evidente que este partido era otro mecanismo de poder, de un poder estatista, y no el acceso a un socialismo distinto, que queríamos entender como libertario y participatorio. Creo que es el hombre más brillante y más modesto que conocí en Lima a la luz y la sombra de este proceso revolucionario; proceso que fue tan poco y tan mal conocido, tanto que buena parte de la izquierda lo sancionó sin culpa, ignorando la inteligencia crítica del país que suscitaba y también la conciencia generada que lo excedía. De *La revolución participatoria* —que el profesor yugoslavo Radivoj Nikolic, un teórico de la autogestión y ferviente estudioso del proceso peruano, consideraba una contribución al socialismo moderno— yo había aprendido que también la política tiene que ser hecha por todos, como una forma realizada y formadora de las relaciones humanas. Franco colaboró regularmente en *Correo* con series de artículos teóricos que usualmente me entregaba a la hora del cierre dándome apenas tiempo para retirar algún otro. Estaba centralmente preocupado por la organización política de la revolución, y cuando ésta pareció posible defendió la necesidad de un movimiento solvente y maduro, capaz de facilitar al gobierno militar una vía directa para la transferencia organizada del poder. Al revés de un partido político, esta organización de las bases supondría un sustento participatorio en el poder: esta era una preocupación sustancial nuestra. Y era, ciertamente, el más grave de los problemas que planteaba la continuidad del proceso, y también el decisivo en un programa riguroso de transición al socialismo.

La reorganización social suscitada por las reformas estructurales debía articularse en una estructura política nacida directamente de la concurrencia de las bases: este era el proyecto político mayor del proceso peruano. Una reorganización de la producción, que socialmente se expresaba a través de organizaciones de productores, debería acceder al ejercicio político gestionando participatoriamente todas las formas e instancias del gobierno local y nacional. A este modelo final se refieren las Bases Ideológicas de la Revolución Peruana cuando hablan de la construcción de una "democracia social de participación plena". Así como una militancia individual en el proceso convergería en la organización política de la revolución, una militancia socialmente constituida vertebraría ese movimiento desde las organizaciones económicas. Sólo esta organización autónoma de las fuerzas sociales y económicas del país podía sustentar un futuro gobierno popular y democrático, sin eliminar a los partidos políticos, que competirían en su interior. Naturalmente que la viabilidad de este proyecto de transferencia política se basaba en la naturaleza transitoria del poder militar, que era un poder sin el cual, allí y entonces, una revolución nacional y pluralista no hubiera sido posible.

El Plan Inca, el programa de las reformas, había sido aplicado en buena parte, pero era claro que varios cambios importantes debían todavía producirse para superar la dependencia capitalista y afirmar la estructura económica de las reformas de socialización. En 1974 y 1975 la transferencia política no parecía aún cercana, pero era en cambio perentoria la necesidad de apoyar la articulación de la fluida movilización política del proceso, en primer lugar, para recomponer el equilibrio de fuerzas en el poder central, que amenazaba con deteriorarse. Pero también para aliviar a la Fuerza Armada de las tensiones del poder, permitiéndole una gradual desconcentración del gobierno. En este entendido Velasco y sus colaboradores comprendían la urgencia del movimiento político de la revolución. El mismo proceso de transferencia económica no iba a poder ser ampliado sin formas previas de transferencia política. Para ello, se empezaba a diseñar una estrategia de desarrollo de mediano plazo a través de una nueva regionalización económica del país, basada en las zonas económicas naturales y potenciales, que debían generar programas autosostenidos y concertados a partir de las reformas. La forma de organización económica que articularía este desarrollo sería la Propiedad Social. Y la concurrencia de los productores organizados en ligas, consejos o agrupaciones del trabajo asociado, serían la base del gobierno local y regional. Carlos Delgado trabajaba en este diseño con una comisión de altos oficiales en el Comité de Asesoramiento de la Presidencia (COAP), el organismo responsable de las leyes de la revolución. En el proyecto de transferencia política no había, pues, una opción simplemente corporativista, como se ha preferido creer, sino todo lo contrario: una vocación socialista participatoria, directamente alentada por Juan Velasco Alvarado quien, contrariamente a lo que se ha dicho, fue el militar más consciente de la necesidad y complejidad de esta transferencia.

El problema, pues, era decisivo: cómo organizar un movimiento político que no sea un partido político más, y cómo asegurar su vertebración nacional participatoria y autónoma. Lo primero tenía una dificultad: el movimiento debía nacer en coordinación con el gobierno sin ser un movimiento oficial, debiendo más bien ser independiente del poder: Velasco encargó explícitamente esta tarea a la Comisión Organizadora del Movimiento Político de la Revolución Peruana, en la cual estaba justamente Carlos Franco. Lo segundo presentaba la dificultad de que en un país subdesarrollado como el Perú la organización social de los productores requería un grado de conciencia que sólo empezaba bajo la dinámica de los cambios. Por otra parte, algunas grandes organizaciones, como la Confederación Nacional de Comunidades Industriales, habían sido entorpecidas por el ala conservadora del gobierno, que en su sospecha ante cualquier radicalismo, favoreció la formación de un grupo paralelo adicto, la Comisión Reorganizadora de CONACI, la cual, no obstante, fue más tarde desplazada por esta importante fuerza laboral. Como era previsible, este proyecto político encontraba su contradicción natural en la burocracia autoritaria y estatista.

Desde que el 5 de febrero de 1975 un grupo paramilitar del APRA, en evidente coordinación con la CIA como fue claro para los servicios de inteligencia del ejército peruano, utilizó una huelga de la policía para organizar un motín en el centro de Lima, fue obvio que el gobierno de Juan Velasco Alvarado empezaba a mostrar signos de serio debilitamiento, y que una maniobra sistemática se había puesto en marcha para exacerbar las contradicciones internas del proceso. La Organización Política de la Revolución empezaba así en momentos en que el gobierno se mostraba incapaz de responder políticamente a la contrarrevolución, evidenciando un peligroso repliegue que de inmediato capitalizó la derecha militar y civil. Los militares progresistas habían intentado persuadir a Velasco de que cediese el poder a su sucesor institucional, el general Francisco Morales Bermúdez, de quien se sabía que era un tecnócrata moderado, pero cuyo compromiso con el proceso nadie podía haber puesto en duda entonces; y se sabe que Velasco, enfrentando su dramática enfermedad, se daba plazos para ceder el poder. Pero cuando el 29 de agosto de 1975 se precipita el inevitable relevo de Velasco, parecía claro que se trataba de evitar el copamiento derechista del gobierno, para profundizar la revolución. En un primer momento, el poder se recomponía: los militares de izquierda —Leonidas Rodríguez, Fernández Maldonado, Miguel Ángel de la Flor, el conductor de la política no-alineada y tercermundista del Perú, Enrique Gallegos, propulsor de la reforma agraria,

Arturo Valdez, uno de los creadores de la Propiedad Social—parecían recuperar la gravitación que habían tenido cuando al lado de equipos técnicos y profesionales trabajaron las reformas decisivas del proceso. Siempre el poder había estado constituido por un equilibrio de fuerzas conservadoras —representadas sobre todo por el Vicealmirante Vargas Caballero, quien en 1974 declaró famosamente que la revolución peruana era "occidental y cristiana"— y de fuerzas progresistas, bajo la firme conducción de Velasco, quien imprimía al proceso su dinámica de cambio. Cuando en 1974, para eliminar la oposición conservadora a la expropiación de los diarios, Velasco propició el retiro de Vargas Caballero, el poder pareció controlado plenamente por la izquierda; pero por su propia naturaleza institucional, pronto generó sus equilibrios, y esta vez con la abierta oposición de una marina golpeada. De manera que al buscar Morales Bermúdez sustentarse en los términos de su institucionalidad —había anunciado cambios en la "metodología política" de la revolución—, en realidad propició el ingreso al poder de una derecha militar que nunca antes había logrado la hegemonía interna. Para ello, Morales estaba obligado a eliminar a los hombres de izquierda; y así lo hizo, a dos meses de su gobierno, separando al más importante de ellos, Leonidas Rodríguez. Desde ese momento, la credibilidad de Morales fue puesta en duda, por decir lo menos, aun cuando el discurso político y algunas medidas pretendían insistir en la continuidad del proceso. La organización política se hizo, pues, improbable. Los mismos generales de izquierda habían descartado seguir con la Comisión Organizadora de la OPRP creyendo, por un breve instante, que podía plantearse una fórmula organizativa más dinámica. Los hombres de la restauración resultaban expertos en la manipulación; el general Vargas Prieto, el nuevo premier, aparecía en la arena política citando a Mariátegui y formando un comité asesor de dirigentes populares: la salida de Rodríguez, se llegó a sostener, afirmaba a la izquierda militar. La política era remplazada por la infamia.

El proceso había logrado, en 1975, casi culminar la primera parte de la reforma agraria, la entrega directa de la propiedad de la tierra a los campesinos de los fundos de más de 150 hectáreas, límite que luego se redujo a 50 hectáreas; había sostenido la co-gestión en la industria, haciendo que más de 300 mil trabajadores participen en la gestión de sus empresas y en un porcentaje de la propiedad, cuyo límite se fijó en 50%; había recuperado para el Estado las materias primas básicas, estableciendo contratos mixtos en algunos casos y manteniendo el control de la comercialización; había iniciado la implementación de empresas de Propiedad Social, que despertaron una gran demanda de proyectos propuestos por grupos de trabajadores; había iniciado la reforma de la prensa, que debería ser entregada a organizaciones sociales representativas de la población; además de otras importantes reformas, como la de educación, que también suponían una práctica de socialización y organizaciones en marcha. Nos encontrábamos, así, en un momento crucial: las reformas debían institucionalizarse en grandes organizaciones de trabajadores, de base económica propia, y deberían todavía completar su desarrollo e integración. La reforma agraria, por ejemplo, requería completarse en una socialización de los mecanismos de comercialización, que seguían en manos de intermediarios. El mismo modelo económico pluralista, que era connatural a una revolución nacional, pacífica y de bajo costo social, requería sustentarse en la solidez económica de la parte socializada del país, ya que de lo contrario podría resultar un modelo manipulable bajo la fiscalización estatal y financiera. Este modelo garantizaba la existencia de un sector privado reformado (el de la industria co-gestionada y el de las cooperativas agrarias), de otro estatal (que era totalmente nuevo en el país), del sector privado puro (el de la pequeña empresa), y del sector de Propiedad Social, declarado prioritario por las Bases Ideológicas. Pero en la práctica la parte socializada del país no había desarrollado aún su incidencia económica al punto de gravitar sobre el control político del poder. Más bien, la burguesía industrial y manufacturera, a pesar de haber retraído su inversión global, era un frente poderoso que esperaba su hora de actuar. Es claro que la política económica del gobierno no había seguido la dinámica de las reformas sociales; y que, más bien, la burguesía exportadora se afirmaba, buscando captar el flujo crediticio y leyes favorables, incluso como defensora del gobierno de Morales Bermúdez, y a cierta distancia de la burguesía industrial, mucho más conservadora, que se aglutina en torno de la Sociedad de Industrias, la cual terminaría por ganar para sí el control del Ministerio de Industrias.

En momentos, pues, en que la crisis económica internacional empieza a afectar seriamente al país, además de factores internos como el descenso de la producción, la baja de los precios de nuestras materias primas, el desequilibrio de la balanza de pagos, es que el gobierno decide no seguir adelante con el modelo de desarrollo previsto —que hubiera supuesto plantear una moratoria de la deuda externa, abrir créditos desde el peso político del Perú en los no-alineados, dinamizar la economía socializada—, y opta por la línea ortodoxa de política económica del Fondo Monetario Internacional cuando, en condiciones de total dependencia, el gobierno negocia con un consorcio de bancos norteamericanos los costos de la crisis que el mismo sistema nos hace pagar.

Se produce entonces lo que habría que llamar un "golpe de estado del Estado contra la Revolución". Morales Bermúdez concede la separación de figuras militares y civiles que hicieron el proceso revolucionario; inicia la fase de reajuste de las reformas, en nombre de su eficiencia, pero en un operativo de desmovilización; elimina la vanguardia política de los diarios reformados y distorsiona así el proyecto de su socialización; se devalúa la moneda y la inflación la pagan las clases populares; se suspenden las garantías y se prohíben las huelgas; se reprime y se deporta a dirigentes y asesores sindicales; se inicia la reprivatización de las empresas estatales; se apoya sin condiciones sociales a la empresa privada; empieza un operativo para despolitizar al ejército; y en

101

este cuadro emerge una tecnoburocracia, una nueva clase política, administradora de la crisis, que en la retórica de su gravedad busca desautorizar los años de reformas para imponer un modelo dependiente, manipulado por los organismos financieros internacionales y por una burguesía intermediaria. El proceso de socialización y control obrero es detenido y nuevas leyes garantizan el control patronal y estatal. La batalla por la información, que es la dimensión conflictiva de una cultura, se decidía también en favor de las tradicionales clases dominantes: desde sus revistas y publicaciones, así como en varios diarios, reaparecían los viejos mediadores del poder, los plumíferos de la Sociedad Interamericana de Prensa, que ahora junto a los intelectuales antiizquierdistas celebraban la restauración y buscando devaluar a la revolución devaluaban más bien el lenguaje.

Y, sin embargo, las condiciones para evitar la desnacionalización habían estado dadas. Otro compañero que trabajó en ellas con clara conciencia antimperialista es Héctor Béjar.

Béjar fue uno de los principales dirigentes de la lucha guerrillera en el Perú, y no es insólito que pasara luego a trabajar en el proceso revolucionario si consideramos otra vez que los propios militares habían evolucionado al punto de iniciar este proceso. Hombre serio y lacónico, pero de una íntima capacidad de alegría, Béjar concitaba en nosotros una suerte de solidaridad superior: su rigor, su sentido de la responsabilidad revolucionaria, infundían al mismo tiempo respeto y confianza. Se había jugado la vida en la lucha armada y había pasado varios años en prisión. Para los escritores de mi generación, que había sido marcada por la temprana muerte de Javier Heraud en la guerrilla, encontrarnos ahora con Béjar en el trabajo político era como haberle ganado al tiempo su sentido. Conociéndolo, leyendo sus artículos, que me tocó publicar en *Correo,* yo entendía que la revolución es un proceso extenso, que supone muchas instancias, victorias y derrotas, y respuestas concretas a cada situación desde el proyecto de cambio que nos incluye y trasciende. La política, así, no era una forma del voluntarismo

102

sino un trabajo cotidiano, una vocación profunda y severa. Béjar posee la cualidad innata del organizador; no buscaba ser un líder, como se dice, carismático: era un compañero de trabajo, pero uno excepcional; y su don organizador se había probado en el temple combativo de la Juventud Revolucionaria Peruana, que ayudó a nacer. Menos sabido es que Béjar es también un hombre cultivado y un notable escritor. Su libro *La Revolución en la trampa* (1977) es el mejor balance crítico que se ha escrito acerca del proceso peruano. Es un libro objetivo, claro, responsable. Nos dice allí que la revolución en el Perú ha de proseguir por sus propios caminos en otra etapa de su alternativa nacional ineludible. Y es el primer libro que explica verazmente cómo la revolución peruana no fue, como se suele creer, un simple producto del poder militar, sino la compleja elaboración de equipos técnicos e intelectuales, que en una verdadera reconstrucción nacional llevaron adelante una seria y moderna alternativa socialista en América Latina. Usualmente se ha querido ver en este proceso un mero producto reformista modernizador, ignorando la naturaleza de sus reformas y su concertación en un proyecto socialista que se alimentaba de la tradición crítica peruana y latinoamericana, que concretaba las corrientes libertarias, que coincidía con la búsqueda moderna de una democracia participatoria, iniciando un modelo propio de control obrero y de autogestión; ignorando también que este proceso suscitó un movimiento de conciencia social en un país socialmente desarticulado, generando así términos objetivos de identidad cultural y conciencia nacional. Movimiento que persiste aún como una fuerza de contradicción que hace ilegítima la práctica de dominación de un Estado burocrático y policial. Es cierto que ese Estado puede proseguir y culminar su maniobra de desmontaje, buscando luego legitimar el modelo demo-liberal republicano en una consulta electoral, para restituir a su clase dirigente; pero ese modelo nunca fue legítimo en una sociedad como la peruana, pues no representó a las naciones del país y fue manipulado por la subcultura dominante. Es por ello que

103

en la práctica social y en la producción del sentido nacional, así como en el manejo específico de las conquistas sociales y en las expectativas abiertas, el proyecto de una revolución nacional deberá resurgir como la alternativa más cierta de la historia y la cultura peruanas en su configuración social.

Precisamente uno de los políticos e intelectuales que más había contribuido a elaborar la teoría de una revolución nacional es Carlos Delgado, sociólogo graduado en Cornell, quien había sido un visible dirigente del Partido Aprista a comienzos de la década del 60. Se había retirado del mismo cuando fue claro que este partido derivaba, a través de pactos sucesivos, hacia la derecha tradicional. Yo conocía a Delgado desde 1961, y cuando supe que él era el principal asesor del general Velasco creí entender que la llamada Revolución de la Fuerza Armada podía ser, como de veras fue, una revolución. No es que yo considerara a este amigo como infalible, sino que conocía bien su calidad intelectual superior, y sabía que después de una vida consagrada a la lucha política él no se comprometería con un gobierno que no fuese capaz de un serio proceso de cambios. Delgado es un hombre deliberadamente directo, lo que le ha valido un buen número de polémicas, algunas de ellas enfatizadas por él, y no pocos detractores. Gusta de los juicios rotundos, aunque me consta que es tolerante, y yo diría que secretamente afectivo. Es un hombre complejo, con una experiencia difícil, que estaba al centro de las discusiones más importantes sobre la naturaleza del proceso revolucionario y su organización política; un hombre que asumía todos los riesgos, y al que reclamábamos por las razones del poder y las posibilidades del proyecto socialista. Era el principal responsable de los discursos de Velasco, quien tenía por él una confianza total. A mí me impresionaba sobre todo su convicción de que un socialismo genuinamente democrático era posible. Esa convicción es entrañable en él, poderosa y persuasiva. Y estoy convencido de que su pensamiento político —y el pensamiento que había comunicado al proceso revolucionario— es una de las más altas contribuciones contemporáneas a la tradición crítica de la reflexión sobre el Perú. Siempre he discrepado de algunos compañeros que a partir de las polémicas de Delgado con el Partido Comunista y la ultraizquierda, le reprochaban su crítica del marxismo ortodoxo ignorando la complejidad de su pensamiento teórico. El hecho es que no hay en la izquierda peruana un cuerpo de doctrina socialista como el que Carlos Delgado elaboró estos años.

Delgado estaba convencido de la necesaria autonomía del proceso peruano, autonomía conceptual y práctica, y era escrupuloso en distinguirlo de los socialismos autoritarios, de marca estalinista o estatista. Su vocación democrática suponía un socialismo generado en el control político de base, a través de una transferencia del poder que tradujera las funciones económicas y políticas de la nueva sociedad. De allí su rechazo radical a la idea misma del partido político: consideraba al partido como un mecanismo expropiatorio que perpetuaba formas de manipulación y concentración del poder. La revolución peruana, que rechazaba los modelos capitalista y comunista, no era sin embargo una mera tercera vía, porque intentaba socializar los medios de producción gestando organizaciones participatorias que abriesen el espacio de su autogobierno, lo que supondría una democracia directa, sin intermediarios. Como director general del SINAMOS, Delgado trabajó ardientemente en el diseño de este modelo, y en las condiciones políticas de su práctica en marcha. Sus libros —uno de los cuales, *Revolución peruana: autonomía y deslindes* (1975), edité— son una meditada y polémica actualización de la teoría participatoria, y presiden el amplio y rico *corpus* de análisis que se produjo en los años del proceso. Pocas épocas de la vida peruana han suscitado tantas y diversas reflexiones sobre la naturaleza de su acontecimiento histórico como ésta del proceso peruano. Sin duda, la historia intelectual de esta revolución (revolución paradójica, la ha llamado alguien) es una de las más elaboradas e ilustrativas en el proceso de liberación que viven nuestros países.

3

A LEONIDAS RODRÍGUEZ lo conocí en su oficina del Sistema Nacional de Información, donde los miércoles por la tarde los directores de los diarios en proceso de socialización nos reuníamos con él en sesiones de análisis y debate. Es bueno decir a esta altura que entre julio de 1974 y agosto de 1975, en que Rodríguez pasó al retiro, los diarios —al menos el nuestro— no fueron de ningún modo controlados por el gobierno, y más bien es cierto que muchos nos empeñamos dramáticamente en demostrar nuestra independencia frente al poder; siendo cierto también, como es obvio, que no éramos simples aliados o francotiradores sino directos militantes de un proceso revolucionario, que nos comprometía a veces no sin conflicto. Tuvimos, en cambio, serias discrepancias con el primer jefe del SINADI, el general Segura, aunque nunca vivimos el clima pesadillesco que describe de su experiencia de director de *La Crónica* Guillermo Thorndike en su libro *No, mi general*. *La Crónica* era un diario del gobierno, y no uno que iría a ser socializado, y ello presuponía una polémica permanente con Segura, sobre todo porque su brillante equipo —donde estaban mis amigos escritores más cercanos, Abelardo Oquendo y Mirko Lauer— desarrolló un periodismo agudamente crítico, y también un trabajo intelectual y político polémico y de calidad. No es casual que ellos fueran separados por Segura en julio del 75, cuando la izquierda militar perdía influencia con Velasco. Después de Rodríguez, con el general Villalobos, empezamos a perder contacto con el gobierno al irse deteriorando nuestras relaciones debido a las firmes discrepancias con la política de Morales Bermúdez. Cuando después de marzo del 75, la revista de izquierda *Marka* hizo el balance de los diarios reformados, opinó que *Expreso* fue el más crítico y el más cercano a las luchas populares; y que *Correo* había

106

sido asimismo crítico, en un sentido más formal o "académico". Es probable que esto último sea cierto, dado que queríamos refutar con solvencia las políticas y opciones de Morales Bermúdez, lo cual no creo que nos alejara precisamente de las luchas populares. Para otros, como para Ricardo Letts, el máximo dirigente de Vanguardia Revolucionaria, en cambio, éramos "utopistas de tendencias anarcoides". Para muchos éramos simplemente "marxistas o comunistas infiltrados", mientras que, desde el extremo opuesto, los "ideólogos oficiales de la dictadura fascista". Para los militares de derecha las cosas eran más simples: había que eliminarnos de los diarios. Y así lo harían.

Yo había regresado a Lima en mayo de 1974 para dirigir la editorial del Instituto Nacional de Cultura, y empecé a colaborar en *Expreso,* con Francisco Moncloa, el periodista más combativo del proceso revolucionario, quien había perdido un brazo en un accidente en el taller de máquinas dos años antes. Con Cecilia Bustamante, mi mujer, que estudiaba los problemas de la mujer peruana, reencontrábamos a los amigos, comprobábamos los nuevos lenguajes, reconocíamos las evidencias del cambio, decidíamos incorporarnos a sus demandas.

Como editor llegué a publicar unos catorce volúmenes, pero no pude, como quería, organizar una Biblioteca Peruana sino más tarde, con Carlos Delgado. Planeamos una serie de cien volúmenes en formato popular que una editorial privada, PEISA, publicó periódicamente creo que hasta el tomo 70. Son tomos pobremente editados, sin suficiente aparato crítico, aunque de muy bajo precio, y todo lo que se pudo hacer en materia editorial. Cuando desde *Correo* inicié una larga y un poco dramática campaña sobre la cultura, entendí que en este terreno un decisivo trabajo de esclarecimiento estaba por hacerse. Sobre los términos de esta cultura nacional, de sus mutaciones y su dinámica, quería dar testimonio en una extensa serie de artículos que escribí y pedí a intelectuales de varias áreas de especialidad. Percibía yo que las formaciones culturales y su expresión social eran

107

el poderoso substrato de la conciencia colectiva, en proceso de objetivar su carácter crítico y su naturaleza constitutiva. Me parecía posible establecer conexiones entre la historia intelectual del Perú, su tradición reflexiva y crítica, y las expresiones de las subculturas populares. También la tradición de pensamiento reaccionario, que reaparecería con su estrategia y su jerarquización en los semanarios derechistas, y que conquistaba ahora a algunos visibles intelectuales bajo un principismo liberal, requería ser analizada para precisar su incidencia en las superestructuras del país.

Para mí, el proceso revolucionario era también expresión de un más amplio proceso de formación cultural nacional y latinoamericana. No sólo porque esta revolución se alimentaba de nuestras tradiciones colectivistas y de nuestra tradición crítica; además porque dinamizaba la producción de un sentido nacional —no meramente nacionalista— en un país caracterizado por su condición multiétnica y por la jerarquía de subculturas dominadas bajo una subcultura central dependiente. Por primera vez desde los años 20, desde la insurgencia de Mariátegui y los movimientos populares, esa subcultura dominante, que había detentado el poder en nombre de un modelo inauténtico, entraba en crisis, y empezaba a ser cuestionada por la emergencia y la legitimidad de otros modos de entender y vivir el país. El desarrollo de las nuevas instituciones económicas y sociales de la revolución se producía en relación entrañable al movimiento de las fuerzas populares y a sus formaciones culturales; y era indudable que una democracia participatoria se expresaría en los términos de una cultura en liberación. Se planteaban así importantes correlaciones con el debate sobre la cultura nacional —que es una cultura nacional latinoamericana— en Santiago de Chile de antes del golpe militar; en Buenos Aires, en México. Debate que forma parte de una tradición reflexiva característicamente hispanoamericana; cuya formalización moderna es, por cierto, una lectura de nuestra producción del sentido. En el complejo fenómeno de comunicación que es la cultura, la circulación conflictiva de la información era también modificada por la dinámica del proceso revolucionario. Nuevos y más amplios grupos sociales empezaban a procesar una información que les había sido sustraída, y la elaboraban ampliando su propio ámbito de comunicación, ejerciendo el inusitado poder de una palabra pública. De allí la importancia sensible de la expropiación de la prensa escrita y su proyecto de transferencia social.

Augusto Salazar Bondy —quien fue uno de los principales intelectuales que trabajó en el proceso peruano, y el responsable de la reforma de la educación— había planteado en sus ensayos una teoría social de la cultura a partir de la teoría de la dependencia, la cual sancionaba como defectiva a la vida peruana. En mis trabajos yo busqué plantear una teoría quizá complementaria: que la experiencia peruana es una cultura del cambio y, en ello, también una respuesta sistemática a las depredaciones de la dominación y la dependencia desde las formaciones de la cultura popular y la elaboración de una conciencia crítica.

El intenso debate concitado en *Correo*, que pronto se propagó a los otros diarios y la televisión, y que convocó también la intervención de las bases populares, comprendió el cuestionamiento del Instituto Lingüístico de Verano, a cuyo contrato se puso límite; la reformulación de una política cultural, que el Estado encargó luego a un grupo de intelectuales y técnicos; la discusión sobre la importante oficialización del quechua, proscrito oficialmente desde el Virreinato, decisión que refrendó la patente emergencia de la cultura popular; así como la crítica al sistema intermediario e institucional vigente hecha por los productores de cultura; además de la permanente crítica a la televisión y a los medios de control del cine y su recurrente censura; también se inició una crítica al descrédito de la Universidad peruana; y, en fin, a la misma función del Estado en los órdenes de la cultura. Es un hecho que las organizaciones de los trabajadores de la cultura —de actores, músicos, pintores, folcloristas, artesanos, cineastas, etc.— reconocían en la elaboración de un discurso cultural común las posibilidades y los dilemas de la vida del arte en la realidad social del Perú. El poder crítico de esta elaboración atemorizó a los burócratas, cuya voluntad monopolista fue profundamente cuestionada; pero también a los artistas de la pequeña burguesía, que sintieron amenazado su propio monopolio cultural.

Por lo demás, estoy persuadido de que el proceso revolucionario no hacía sino coincidir con el movimiento intelectual que en los últimos diez años había diversificado y afinado los repertorios del análisis de la realidad nacional. En efecto, por lo menos desde los primeros años de la década del 60 las ciencias sociales, la historia, la economía, y, por cierto, la literatura, parecían converger en una revisión profunda de la realidad peruana, explorando y revelando zonas sensibles de la vida del país y propiciando un reconocimiento nacional en el orden de la crítica. Las evidencias de nuestro subdesarrollo, así como las respuestas al mismo de nuestra historia social, nos fueron mostrando, de modo ineludible, las condiciones reales de un país dependiente. Y en la década del 70, y a pesar de la difícil vida académica peruana, la investigación conocía una nueva dinámica, y los análisis y balances corregían y enriquecían nuestro tratamiento del país real.

En los primeros años del 60 había sido muy importante la contribución crítica de un grupo de intelectuales y técnicos aglutinados en torno del Movimiento Social Progresista; Augusto Salazar Bondy era, justamente, una de sus figuras más consistentes. Este movimiento había ensayado, desde la información sobre la realidad nacional, un debate al nivel de las superestructuras, y una consiguiente opción política de izquierda. Se probaba así que el conocimiento analítico del país implicaba ya una confrontación en el plano de las ideas, porque cuestionaba interpretaciones tradicionales que buscaban convertir el orden capitalista en un orden natural. No otra cosa había demostrado Mariátegui, por cierto; y es muy probable que la elaboración crítica de estos años, que suponía una abierta polémica con los órganos periodísticos e ideológicos de la oligarquía agraria y exportadora, haya influido en los oficiales que siete años más tarde iniciarían el proceso revolucionario. Una medida del pensamiento reaccionario en el Perú, la da el hecho de que, unos años antes, el filósofo Francisco Miró Quesada tuviera que defender, ante la agresión periodística, su empleo del concepto de "estructura". El pensamiento crítico sobre el Perú que informó, por ejemplo, los cursos en el Centro de Altos Estudios Militares y en algunas otras escuelas de oficiales, se originó en buena parte en este período del desarrollo de nuestras ciencias sociales.

En los años del proceso revolucionario la palabra "estructura" ya no era, pues, subversiva, pero otros conceptos sí lo eran al pasar a la práctica política. La batalla en las superestructuras fue particularmente intensa desde la prensa reformada al reaparecer el pensamiento reaccionario en las revistas políticas de derecha. Los científicos sociales, los técnicos, los instrumentos del conocimiento, fueron brutalmente atacados por un antiintelectualismo que volvía a manipular el mismo repertorio de sanción antiprogresista.

Pero la investigación tenía su propia dinámica. Algunos programas universitarios, varios centros independientes de investigación, y asimismo algunas instituciones dentro del Estado, desarrollaban sistemáticamente nuevos y más complejos repertorios analíticos. En esto hay que reconocer la fecunda contribución de algunos peruanistas como el antropólogo John Murra, de Cornell, quien al estudiar la economía andina vertical, o sea de nichos ecológicos alternos, abrió una vía central para la comprensión de la estructura económica y social de la sociedad andina; o como André Marcel D'Ans, lingüista de la Universidad de París, quien pasó siete años en la selva peruana y contribuyó a nuestro mejor conocimiento del sistema económico y cultural aborigen. Estos amigos, y muchos otros asimismo apasionados de lo nuestro, en distintos campos de la investigación, colaboraron con esta elaboración de nuestro mejor entendimiento del país. El Departamento de Lingüística de la Universidad de San Marcos, el Programa de Ciencias Sociales de la Universidad Católica, así como

111

otros programas de la Universidad Agraria, además del Instituto de Estudios Peruanos y del centro de estudios DESCO, fueron probablemente los más dinámicos en esta reordenación analítica. Un trabajo tan importante como la edición, en doce volúmenes de gramáticas y diccionarios de la lengua quechua, que condujo Alberto Escobar, y publicó el Ministerio de Educación en asociación con el Instituto de Estudios Peruanos, que dirige José Matos Mar, da la medida de esta decisiva recuperación instrumental y analítica de nuestros propios temas y dilemas. Dentro del mismo Estado, centros como el Instituto Nacional de Planificación, que dirigió Otoniel Velasco, o el Centro de Estudios de Participación, donde fue notable el trabajo de Stéfano Varese sobre las culturas de la selva, y donde colaboró con su habitual brillo Darcy Ribeyro, fueron igualmente importantes fuentes de estudio y de información. No menos interesante es el trabajo que inició el Instituto Nacional de Investigación de la Educación (INIDE), donde Raúl Vargas dirigió una ilustrativa colección peruanista, a la cual me correspondió añadir dos tomos antológicos cuyo título no casual fue *Realidad nacional* (1974). Considerando la vitalidad de este movimiento intelectual —a cuyo interior muchas opiniones políticas y métodos de trabajo divergían, pero cuya suma es un discurso del Perú actual—, así como sus dificultades académicas, es que con un grupo de amigos imaginamos la creación de un Colegio del Perú, donde se conjugara la investigación independiente, el trabajo interdisciplinario, la crítica cultural. Tareas más inmediatas nos hicieron postergar este proyecto —lo que seguramente fue un error.

No pocos de estos amigos y colegas colaboraron ampliamente en las páginas editoriales de *La Prensa,* que estaban a cargo de Raúl Vargas; en las de *La Crónica,* dirigidas por Abelardo Oquendo; en las de *Expreso,* dirigidas por Rafael Roncagliolo; y naturalmente en las a mi cargo en *Correo.* Alberto Escobar, Stéfano Varese, Augusto Escribens, Abelardo Oquendo, Enrique Bernales, César Calvo, Alfredo Barnechea, Roger Rumrrill, Juan Carlos Bossio, Baldomero

Cáceres, Fausto Valdeavellano, José Sabogal, Isaac León, y tantos otros amigos, fueron colaboradores de *Correo,* con independencia y con inteligencia. Se ha querido desacreditar la experiencia de la prensa reformada, pero allí están no sólo los materiales de una seria reflexión nacional —una de las más ricas en la historia del periodismo peruano—, sino también la decisiva apertura a las bases sociales, a sus reclamos y movilización. Por cierto, no hubiéramos podido llevar adelante el diario, después de su incendio por los vándalos del 5 de febrero, sin la sacrificada colaboración de los trabajadores y los periodistas, entre quienes destacaba el jefe de redacción, Julio Higashi, por su responsabilidad profesional; y tampoco sin Mauricio Barbis, el gerente del periódico, que condujo la reconstrucción de la empresa.

4

EL DÍA 5 de febrero de 1975, cuando el diario fue asaltado por grupos organizados y armados de balones de gasolina, empezó para nosotros una prueba para la cual no estábamos preparados. La violencia parecía descartada del proceso peruano, que se desarrollaba con un bajo costo social, pero la expropiación de los diarios, que suscitó protestas airadas de la clase media en Miraflores, había exasperado los ánimos. La oligarquía y su clientela sancionó como una medida de confiscación y censura lo que, en verdad, era la expropiación de uno de sus más sensibles poderes, el de la comunicación. La exasperación de los viejos y nuevos voceros de la oligarquía revelaba que no sólo los propietarios de los periódicos habían sido expropiados sino un más extenso poder, porque la prensa en el Perú tradicionalmente había sido el instrumento político por excelencia. El hecho es que la primera voz de alarma ocurrió cuando nuestro compañero Guido Lombardi, probablemente a consecuencia de sus crónicas sindicales en que denunciaba la conducta antilaboral de algunos empresarios, fue víctima de un intento de asesinato. En un parque solitario, desde un coche, unos muchachos de clase media lo llamaron por su nombre, y dispararon hiriéndole en el hombro. Después del incidente, en el diario se consideró la necesidad de ir armados. Pero la idea de portar un arma me resultaba absurda y la descarté; me parecía grandilocuente que mis amigos se sentaran en casa a charlar mientras se aliviaban del peso de sus revólveres. Y, sin embargo, el estallido de la violencia nos encontró desprotegidos en todos los sentidos. *Correo* fue asaltado a las once de la mañana del 5 de febrero; sus dos rotativas *offset* destruidas, la rotativa mayor dañada, y varios millones de soles perdidos. Los asaltantes no intentaron herir a ninguno de los cuarenta trabajadores que a esa hora, temprana para un periódico, habían resistido la embestida dirigidos con valor por Mauricio Barbis. Se dirigieron directamente a los puntos sensibles y les prendieron fuego, después de quemar las puertas principales y vencer la resistencia. La huelga de la policía les daba una total impunidad de acción. En medio del incendio, permitieron la salida del personal, e incluso aceptaron que se salvaran las máquinas de escribir. Los asaltantes se dividían por lo menos en tres grupos coordinados: los dirigentes, que se identificaban por sus camisetas de color; los motorizados en bicimotos, que arrojaban bombas incendiarias; y los que portaban balones de gasolina. Los acompañaba una masa de adolescentes y de gente del *lumpen* de la ciudad, ávidos del botín del saqueo. Un fotógrafo extranjero, desde un edificio vecino, tomó toda la secuencia del asalto.

Las muestras de solidaridad que recibimos fueron una lección para todos. Imprimimos una edición extraordinaria en los talleres de *La Prensa* y en las rotativas de *La Crónica*; *La Prensa* nos cedió una página diaria para informar sobre el proceso de nuestra reconstrucción; *La Crónica* me ofreció su página editorial; los campesinos enviaron víveres para la olla común de los trabajadores; varias organizaciones y sindicatos ofrecieron un día de sus salarios y la colaboración de su mano de obra.

Pocos creyeron que sería posible reconstruir la empresa, a la que incluso algunos miembros del gobierno daban por perdida. Pero antes de los 20 días, y gracias a que los trabajadores repararon la rotativa principal, disminuido en páginas y recursos, con la energía moral de su respuesta, *Correo* volvía a la calle.

En una breve polémica con Octavio Paz en su revista *Plural,* que descreía del modelo de socialización de la prensa, el gran poeta mexicano me respondía que antes de recibirlo en transferencia el pueblo prefirió quemar el diario. Yo le recordé que los incendiarios no eran quienes debían recibir el periódico, el cual debía ser transferido a las organizaciones profesionales. Y que la figura equivaldría a decir que la poesía mexicana se difunde mal en las escuelas si una banda quemaba, por ejemplo, *Plural*. No pasó mucho tiempo cuando Paz debió dejar *Plural*. Le decía también que el incendio de *Correo* demostraba, más bien, la suerte dramática de la palabra pública entre nosotros. De hecho, el asalto demostraba que nuestra empresa periodística e intelectual no podía ser tolerada, y nos hacía víctimas de una conspiración mayor contra la racionalidad del cambio y su versión de un país distinto.

Naturalmente, soy consciente de las limitaciones y errores que mostró el proceso de socialización de la prensa, y soy crítico también de sus condicionamientos. Teníamos, además de la permanente polémica que nos rodeaba, limitaciones técnicas, financieras y de personal, que nos impidieron hacer de *Correo* un diario informativamente más rico y complejo. No podíamos perder el público tradicional del diario y debíamos ceder páginas de anuncios en nombre de la economía de la empresa —la cual tiraba además el diario popular *Ojo* y otros cuatro diarios *Correo* en provincias, y comprendía unos 400 trabajadores—. No obstante, logramos superar los índices de tiraje, publicidad y utilidades de los once años de vida anterior de la empresa, con unos 200 mil ejemplares diarios en la cadena nacional.

En su espléndida fabulación *Fantomas contra los vampiros transnacionales* Julio Cortázar me hace llamar desde *Correo* para indagar, como otros amigos, por la fantástica quema de libros. Supongo que Cortázar encontró justa mi preocupación, ya que de incendios, y de quienes los traman, algo he aprendido.

5

Hugo Neira estaba en Madrid, esperando enviarnos una crónica sobre la muerte de Franco y, claro, se demoraba en la espera. Mientras tanto, yo estaba a cargo de la dirección del diario. Fue en esos días que se produjo el pase a retiro de Leonidas Rodríguez. Tomé la decisión de protestar, y lo hicimos con energía, con claridad. Como lo hizo Francisco Guerra García desde *Última Hora,* y Carlos Franco, también en *Correo;* y otro tanto ocurría en *Expreso.* La protesta de las bases fue inmediata y enérgica. Nunca antes, ni cuando Velasco Alvarado fue separado del poder, se había producido una reacción espontánea que indicara el arraigo popular de un militar progresista en términos de una conciencia política de las bases. Los diarios publicamos sus documentos y acuerdos.

La maniobra había sido explícita: Morales Bermúdez ordenó el cambio de un alto oficial de la Segunda Región sin consultar con el jefe de esa zona militar, Leonidas Rodríguez, quien de inmediato presentó su solicitud de pase a retiro. Quienes la urdieron sabían bien que la entereza profesional de Leonidas Rodríguez, sobre la que se sustentaba su limpia conducta política, le haría responder de ese modo. Habían calculado su reacción, pero no la reacción de las bases sociales y los diarios.

Es probable que la maniobra haya estado prevista, desde antes del relevo de Velasco, por la derecha militar. La tenaz campaña que había acusado al SINAMOS de infiltración y prácticas comunistas iba, en verdad, dirigida contra Rodríguez, para intentar minar su prestigio en el ejército, donde tenía una poderosa gravitación. Estaba, además, en carrera, o sea era un futuro comandante general del ejército, y por tanto una garantía del desarrollo de la revolución. Al parecer, Morales Bermúdez había aceptado las "pruebas" de una supuesta conspiración de Rodríguez. La acusación, si la hubo siquiera como justificación para evitar reacciones dentro del ejército, era absurda: Rodríguez pudo haber tomado el poder desplazando a Morales, en lugar de posibilitar, como lo hizo, el movimiento que puso a éste en la presidencia.

Es un hecho que Morales coordinó con los generales progresistas el relevo de Velasco en nombre de la continuidad y profundización del proceso; pero es también probable que coordinara otros frentes buscando basarse en la paridad de las tres armas, y queriendo componer su propio poder con los miembros de su promoción. También esta historia está por escribirse, y será escrita, pero lo menos que se puede pensar sobre la sorprendente conducta política de Morales Bermúdez son dos cosas. Una, que había planeado una estrategia de liquidación del proceso revolucionario como tal; y la otra, que copado por la derecha militar, hacía concesiones para durar en el poder y evitar un golpe contra su gobierno, golpe que sólo podía ser de ultraderecha. A algunos amigos les había dicho, no sin dramatismo, que estaba defendiendo lo que se podía defender del proceso, y que la alternativa a su gobierno era un pinochetazo sangriento. El hecho es que se convirtió en una figura que sancionaba, y justificaba, el desmontaje sistemático de la revolución.

No pocos compañeros opinaban que Leonidas Rodríguez debió tomar directamente el poder denunciando la maniobra del gobierno de Morales, pero olvidan que para él, evidentemente, la política no tenía sentido fuera de la legitimidad planteada por el mismo proceso, que no podría haberse cumplido sin sostenerse en la unidad, o al menos en el equilibrio de fuerzas, al interior de la Fuerza Armada. Fue precisamente al desprenderse de su ala izquierda, al romper ese equilibrio, que Morales fracturaba la misma continuidad del proceso revolucionario en sus términos institucionales.

Por lo demás, Leonidas Rodríguez es un líder popular, pero no es solamente un dirigente político. Había en él sobre todo una fuerza moral. Antiautoritario, convencido de

118

una alternativa socialista distinta, humanista y participatoria, su pensamiento político se había formado en la lealtad a las grandes causas del cambio en el Perú.

No es que uno esperase demasiado de la política, pero sí de una revolución diferente. Y una revolución no es sólo los índices que las estadísticas cotejan sino los hombres y las ideas que la proyectan. Más allá de los dilemas del poder, al día siguiente de su pase al retiro, Leonidas Rodríguez reafirmaba esos ideales en el nuevo espacio de acción que se abría ahora, con mayor libertad, para él.

6

¿Qué ocurrió luego? La reacción popular culminó en un homenaje a Rodríguez organizado por los campesinos de Lima en la cooperativa agraria Caudivilla. Mientras hacían uso de la palabra los dirigentes laborales, un avión de la fuerza aérea lentamente evolucionaba en torno de la plaza con su poderosa maquinaria fotográfica en acción. Un caza de guerra cruzó dos veces el claro cielo de Caudivilla. En la carretera, la policía desvió algunos camiones de campesinos que llegaban de los valles vecinos. Al final habló Leonidas Rodríguez, exigiendo la unidad del pueblo y la Fuerza Armada en la continuidad de la revolución, y anunciando su compromiso de continuar en los trabajos del cambio.

Después publiqué un artículo sobre el significado político de este acto, pero antes tuvimos que vencer los diarios la primera declaración de censura del gobierno: la noche del homenaje a Leonidas el gobierno envió interventores militares a cada uno de los periódicos para impedir que se publicara cualquier noticia sobre el mismo. Neira, que estaba otra vez en la dirección del diario —y, como era de esperar de su inteligencia, me había expresado su adhesión a la posición crítica de *Correo* ante el retiro de Leonidas—, me comunicó que el general Villalobos había informado a los directores de los diarios que el gobierno no aceptaría una sola mención más del general Rodríguez. Se le pidió una explicación, pero Villalobos, que es un hombre muy parco, se limitó a repetir la fórmula y dio por terminada la reunión. Quizá todos debimos renunciar entonces, pero el desconcierto primó. Esa noche un interventor aguardó en *Correo* hasta las 2 de la mañana para llevarse el primer ejemplar del diario, seguro de que no había mención alguna al homenaje en Caudivilla. No coordinamos con Neira qué decisión tomar ante la censura, pero esa mañana Morales Bermúdez invitaba a los directores a un diálogo en palacio. En *Última Hora* había ocurrido un hecho importante y decisivo. Francisco Guerra, alertado esa madrugada de que un interventor estaba ordenando detener las maquinarias para eliminar el discurso de Leonidas —que él había tenido tiempo de incluir debido a que su diario era un vespertino—, se apersonó de inmediato al taller y se negó a aceptar la decisión del interventor. Su posición fue firme y hábil: si se eliminaba por la fuerza la página con el discurso, planteó, el diario no saldría esa tarde a la calle. Después de llamadas telefónicas, consultas, órdenes y contraórdenes, el interventor se retiró y la edición fue impresa sin censura alguna. En la reunión con Morales, en medio de una tensión previsible, Francisco Moncloa de *Expreso* le preguntó por la censura a Leonidas, y Morales, previsiblemente, no dijo que la retiraba, pero tampoco que persistía. Sin duda que en su lenguaje militar, ello quería decir que la censura continuaba —en la conversación insistió en referirse a los problemas que tenía en sus propias "bases", el ejército—; pero algunos decidimos que el nombre de Leonidas Rodríguez debía volver a aparecer. Nosotros considerábamos haber ganado una intrincada batalla a la censura, y a las marchas y contramarchas de Morales, si bien en la práctica, la relación con el gobierno resultaba definitivamente deteriorada.

Los presidentes campesinos de las 20 federaciones departamentales de la Confederación Nacional Agraria a comienzos de 1976 solicitaron públicamente a Leonidas Rodríguez trabajar como asesor de esa organización. Jorge Fernández Maldonado era ya comandante general del ejército y premier del gobierno, y su presencia podría garantizar que la derecha militar no presionaría a Morales contra Leonidas o la CNA. Dimos la noticia, y así lo hicieron algunos otros diarios. Leonidas llamó a algunos amigos para pedirnos nuestra opinión sobre la solicitud de los campesinos. Había una lógica profunda en el reclamo de los campesinos y en su aceptación. Había también algunos riesgos. La CNA guardaba relaciones formales con el gobierno a través del SINAMOS; el gobierno

121

podía reaccionar contra la dirigencia de la CNA, e incluso podría declarar su intervención con alguna acusación política. Pero el costo de una medida de esa magnitud sería muy grande y la hacía improbable. El 12 de marzo Leonidas respondió con una breve carta que aceptaba el cargo, que era a tiempo completo y *ad honorem*. En *Correo*, convencidos de la significación política de este hecho, discutimos cómo dar la noticia. Neira escribió en un papel: "Leonidas a la CNA", y ese fue el titular de la primera página. Yo redacté el sumario: "la revolución, ahora desde sus bases, continúa". Creo que era un sábado. El domingo, Abelardo Oquendo vino a comunicarme que nada menos que Luis Alberto Sánchez lo había llamado para informarlo que el gobierno había decidido la destitución de Neira. *Última Hora* y *El Comercio* dieron también la noticia, entre el sábado y el lunes 15. Ese lunes, fuimos con Neira a ver a Leonidas y a discutir el rumor, que se extendía. A él le pareció improbable que Morales diera un paso que lo desprestigiaría inapelablemente. Sin embargo, se dispuso a hacer indagaciones. Neira le dijo que de producirse esa medida no sería contra uno o dos directores sino contra él, Leonidas, en cabeza de sus amigos. Una hora más tarde la noticia era dada por radio y televisión: el gobierno cambiaba a todos los directores y nombraba a gente de su confianza. Nos encaminamos al diario. Antes de retirar mis libros y papeles, redacté una renuncia. Hubo una emotiva despedida de los periodistas, muestras de solidaridad. Terminaba para nosotros una experiencia dura y formidable.

Después nos enteramos que, en efecto, inicialmente se había pensado en eliminar a dos o tres directores, pero luego, buscando enmascarar una sanción de derecha, se optó por el cambio de todos ellos. Pero quizá las menciones al ingreso de Leonidas a la CNA no fueron el factor central sino el factor detonante. El central, sin duda, fue el primer anuncio público de la nueva orientación política, que hizo el propio Morales Bermúdez el 31 de marzo en el célebre discurso que marcó la estrategia regresiva de su gobierno.

7

NUESTRA salida de los diarios no fue sino un operativo más de la represión contra los hombres del proceso revolucionario, que paulatinamente fueron eliminados de los centros de decisión. A ello había contribuido también la campaña contrarrevolucionaria de las tres o cuatro revistas y semanarios de derecha que demostraron una hábil y sistemática estrategia, reveladoramente similar, en muchos aspectos, a la campaña de los diarios reaccionarios contra la Unidad Popular de Salvador Allende. Empezaron buscando desprestigiar a los más visibles técnicos, intelectuales y profesionales comprometidos en el proceso, para lo cual no se vaciló en usar bajos recursos. Ni siquiera Velasco Alvarado escapó a los insultos de esta canalla de plumíferos. Se prosiguió cuestionando cada una de las medidas del cambio —la reforma agraria, la comunidad industrial, la reforma de la educación, la propiedad social y, sobre todo, la reforma de la prensa—, con un tono apocalíptico y requisitorio. Y quizá algunos diarios cometimos el error táctico de responder polémicamente, cuando era obvio que no es la discusión lo que esta campaña buscaba, sino, por el contrario, exacerbar el espacio político, polarizarlo falsamente; y prestarse a los planes restauradores de la derecha militar. No es casual, pues, que se prosiguiera con el intento de desprestigiar a los militares de izquierda, a los que se presentaba como víctimas de conspiraciones comunistas. Y, claro, eran el comunismo y el marxismo totalitarios los que habían minado la marcha del proceso y estaban atentando contra la unidad de la Fuerza Armada. En esta línea de argumentación, que rápidamente logró su clientela en la derecha civil y militar, era lógico que se terminara jugando una carta golpista de ultraderecha, exaltando a la marina en contra del ejército (un semanario llegó a decir que no fue la marina sino el ejército el que perdió en 1879 la guerra con Chile) y acusando al proceso revolucionario de habernos alejado de nuestros vecinos militares (otro semanario opinó que la reforma agraria era un fracaso comparada con la producción agrícola bajo Pinochet); y no en vano en un documento de la DINA de Pinochet, revelado hace poco por el *Washington Post,* se mencionan pagos a los amigos de su gobierno en el Perú. Es probable que haya sido este abierto progolpismo lo que decidió a Morales Bermúdez, en julio del 76, a clausurar estas revistas. Naturalmente, clausuró también las de izquierda, que denunciaban sin ambages la ola de represión. El hecho es que en este clima la vida política se deterioraba sin remedio. Una desmoralización generalizada paralizaba a los hombres del proceso en tanto la derecha recuperaba posiciones, con el beneplácito de la burocracia estatista que había sido, desde el comienzo del proceso, una de las barreras más difíciles para la implementación dinámica de las reformas. Con esa clientela estatista, el gobierno componía su capacidad de acción para el desmontaje previsto, manipulando un aparato estatal que cambiaba de orientación y afirmaba su papel de arbitraje y mediación.

Luego de la caída de los diarios, pocos márgenes iban quedando para defender las conquistas del proceso. Tal vez sólo el Ministerio de Educación, el Instituto de Planificación, la Comisión Nacional de Propiedad Social. En la elaboración del modelo autogestionario de Propiedad Social había trabajado Ángel de las Casas, presidente de la CONAPS, y también Jaime Llosa, el director adjunto. Ángel y Jaime son eminentemente técnicos, ambos ingenieros, y al mismo tiempo dos de los técnicos que habían ganado, por la gravitación de sus trabajos, una real resonancia en las bases sociales. Jaime perteneció al equipo inicial del SINAMOS, y es un especialista en cuestiones agrarias; fue también nuestro compañero más querido, porque la calidad de sus convicciones generaba en torno suyo un optimismo permanente; no en vano después de la renuncia de Ángel, él se marchó a trabajar al campo, a una cooperativa agraria. De las

Casas poseía una aguda inteligencia política: su capacidad de formalizar las líneas de fuerza del proceso en un cuadro de hechos y probables, le había permitido plasmar el proyecto de Propiedad Social; y esta misma capacidad de respuesta política, le había hecho comunicar a este modelo una intencionalidad revolucionaria específica, que concretaba en fórmulas económicas, y en un desarrollo posible, la ideopolítica de la revolución. Había llevado la mística de la Propiedad Social a amplias capas de la población, abriendo un frente de realización socioeconómica, una vía flexible y creadora para institucionalizar el nuevo desarrollo socializado.

Propiedad Social era una fórmula autogestionaria que suponía la formación de empresas gestionadas por sus trabajadores, con aportes transitorios de capital captados por el FONAPS en el Estado y la banca asociada. Suponía también un régimen de propiedad y un sistema de acumulación socializados. Era el modelo de reorganización de la producción que se identificaba con la revolución misma, porque podía articular todas las otras reformas en una estructura económica superior. A través de Propiedad Social, la reforma agraria como la de la empresa, la regionalización administrativa del país como la gestión política de base, la ampliación de la frontera económica como el proceso de nacionalización de las ramas de producción industrial, se desarrollarían como un nuevo mapa socioeconómico del país. Sin negar el pluralismo, este modelo era la alternativa más seria de sistematizar y vertebrar los cambios para un desarrollo nacional propio, no dependiente y autosostenido. Ciertamente, la articulación de las reformas en la Propiedad Social suscitaría el poder autónomo de las bases sociales en una economía participatoria y, por ello, la concurrencia de las fuerzas sociales en el poder democratizado.

En este cuadro de potencialidades se manejaba Ángel de las Casas; y no es casual que todas las armas de la derecha, y también de la ultraizquierda, se dirigieran contra Propiedad Social. Y tampoco lo es el que la burocracia estatista, administrativa y financiera, sistemáticamente saboteara el proceso de formación de las empresas. Pronto, concretar el modelo se convirtió en una verdadera lucha contra estas fuerzas de contradicción. La inevitable acusación de comunismo y las amenazas y zozobras de la burguesía industrial, nunca cedieron su intensidad. Cada proyecto de empresa era sometido a un largo juego burocrático en los ministerios y agencias financieras que debían estudiarlo; lo cual fue una verdadera maniobra de disuasión. Y, a pesar de todo, en dos años de trabajos, CONAPS había recibido más de 500 proyectos y más de 60 empresas habían sido implementadas. El sector manejaba un patrimonio de alrededor de los 2 mil millones de soles.

Con De las Casas colaboraban en CONAPAS otros amigos, como Gonzalo García, Joaquín Maruy, Javier de Belaúnde, Gabriel García Pike, César Hildebrandt, Bernardo Gálvez, el coronel Hugo Lizárraga, Arturo Valdés, Jorge Su, y tantos otros compañeros —como nuestro querido Rade Nikolic—, así mismo animados por la dinámica de un sector naciente. En los equipos de investigación y desarrollo, de asesoría jurídica, de promoción empresarial, de capacitación y difusión, trabajaban con espíritu crítico jóvenes promociones, técnicos y profesionales formados en los ideales participatorios y libertarios de una izquierda nueva y genuina. Con ellos empecé a colaborar en mayo del 76, en un difícil momento del proceso, cuando De las Casas decidía jugar todas sus cartas y el equipo entero se preparaba para pruebas decisivas. Vivir la suerte de Propiedad Social esos meses fue una experiencia tan intensa como la de *Correo*. Atacada por las revistas de derecha como modelo yugoslavo y comunista, y por la ultraizquierda como modelo estatista y neocapitalista, cercada por la burocracia, bajo el fuego de mediocres industriales, la suerte de la Propiedad Social se sostenía en la adhesión que le habían otorgado las bases populares; en su existencia económica, aunque inicial ya en marcha; y en el compromiso asumido por el gobierno, que no podía descartarla sin contradecir el mismo proyecto del proceso revolucionario, aunque desde el discurso de Morales del 31 de marzo, se cernía la amenaza de la revisión del modelo, de su fiscalización estatista. Diseñamos, pues, una estrategia de emergencia. Acababa de reunirse en Puno el Primer Encuentro Nacional de Trabajadores de Propiedad Social, que daba la primera muestra dinámica de su gravitación en la vida laboral del país. Un importante acuerdo del congreso fue la creación de un Consejo Nacional de Trabajadores de Propiedad Social, y me encargué de coordinar su organización. Para romper el cuello de botella financiero, había que explorar y lograr mecanismos crediticios internacionales, desarrollando las líneas de cooperación propuestas por algunos gobiernos y entidades financieras. De las Casas y un equipo iniciaron una gira oficial por Estados Unidos, Hungría, Yugoslavia y España. Un impresionante mensaje de adhesión a Propiedad Social y al movimiento no-alineado, que Morales Bermúdez envió a Tito con De las Casas, nos hizo creer que todavía podíamos contar con cierto margen de tiempo en el compromiso del gobierno, para afirmar la existencia del sector. Mientras tanto, se intentaba consolidar los mecanismos de comercialización y las vías de concertación empresarial del sector, en lo cual se empeñaba el director superior, Gilberto Beingolea. Me tocó también formalizar los vínculos con la CNA, que era el más firme apoyo de bases al modelo. Todavía contábamos con alguna prensa amiga para probar que las empresas del sector forjaban su vida económica.

Pero ya en julio, cuando Morales Bermúdez decide dar el paso decisivo de su reorientación del gobierno, y Fernández Maldonado pasa al retiro —como el general Valdés y el general Gallegos, mientras que el general De la Flor es remplazado en la cancillería— Ángel de las Casas es separado de CONAPS y se nombra en su lugar al general César Rosas Cresto. En el discurso de turno, en el que Morales insiste en que la revolución continúa, sanciona a Propiedad Social acusándola de una difusión demagógica, cuestionando así su aceptación y su expectativa en las bases populares.

El sector deja de ser considerado prioritario y pasa a ser complementario, sin proyección social y económica. Se le acusa de haber competido con la empresa privada —lo que en términos económicos es absurdo— y de haber atemorizado a la inversión.

El general Rosas Cresto, sin embargo, no era un militar represivo, asumió su papel como un encargo técnico y se demostró realmente decidido a apoyar la consolidación de las empresas en producción. Se entraba, así, a una etapa eminentemente administrativa, que no era menos importante, pero que descontaba el peso político y la proyección nacional del modelo.

Son tres las organizaciones que más sistemáticamente fueron atacadas por las derechas en el proceso revolucionario: SINAMOS, porque suponía un mecanismo de movilización y de formación de grandes frentes populares; la prensa reformada, porque había dejado a la derecha sin su medio político más eficaz; y Propiedad Social, porque diseñaba una vía real de transición socialista. No en vano estos tres centros de lucha fueron cayendo uno después de otro. El primero, después de Leonidas Rodríguez, fue paralizado y distorsionado por la derecha militar; el segundo, fue congelado por Morales Bermúdez, deteniéndose el proyecto de su socialización, que debió ser una de las grandes realizaciones del proceso; al tercero se le marginaba al abandonarse para el proceso revolucionario cualquier continuidad como tal. En la medida del congelamiento impuesto a la dinámica de estas tres instancias suscitadoras del cambio, puede verse el desarrollo de una maniobra desestabilizadora de la revolución. Pueden verse también los límites de una "revolución nacional", en la naturaleza institucional de un poder que al recomponerse forzó los términos de su legitimidad. Pero, igualmente, en los logros de estos tres mecanismos de cambio es posible ver no sólo la creación de alternativas que funcionaron, sino la movilización social que fueron capaces de activar. Del SINAMOS surgió la CNA, que sigue siendo una poderosa organización, y que después de la deportación de

Leonidas, y como una demostración de su unidad, eligió a Avelino Mar —un genuino luchador de base— como su nuevo presidente. De la reforma de la prensa, queda la experiencia de una comunicación de servicio, que dio espacio a una concurrencia social en la crítica; y que demostró ser capaz de afirmar y revelar la conciencia y la práctica del cambio. De Propiedad Social queda, y ha de resurgir a su hora, la evidencia de que el trabajo asociado y la autogestión son la alternativa realmente popular para una democracia participatoria.

8

DE MUCHOS modos divergentes ha sido calificado este problemático modelo peruano. Sucesivamente, se le ha llamado "nasserista", "populista", "modernizante", "capitalista de Estado", "neocapitalista", "estatista intermediario", "corporativista". Es notorio el hecho de que estos epítetos intentan descalificar la condición revolucionaria que animó a un modelo original y, es cierto, insólito. Revolucionario, si por tal entendemos el proceso de cambio estructural, de nacionalización y de socialización; y por revolución socialista, el proceso de la gestión política por los gestores de la producción. Pues bien, creo que es claro que el proceso peruano llevó a cabo reformas más sistemáticas que Nasser, y que supuso un extensivo movimiento militar progresista; no en vano Leonidas Rodríguez y otros altos oficiales llevaban a los cuarteles para su discusión los proyectos de las nuevas reformas y leyes, de tal modo que puede decirse sin dudar que los cambios contaban con el respaldo institucional del ejército. Supongo que lo de "populista" encierra la connotación descalificadora de demagógico; y en esto habría que decir que, por el contrario, la sensibilidad militar no percibía las posibles virtudes demostrativas de la propaganda; no se invitaba a periodistas extranjeros, por ejemplo, ni se organizó congreso alguno de escritores latinoamericanos; a la entrada a una ex hacienda, que era ahora una cooperativa agraria, sólo un pequeño cartel anunciaba el nombre de la misma; en su lugar, los amigos cubanos habrían levantado un bello mural. Supongo que el calificativo de "modernizante", no descarta una modernización que es necesaria, sino que se refiere a su vía neocapitalista, la cual se sustenta en un Estado y una burguesía intermediarias del capital extranjero para así superar un capitalismo primitivo, que supone el fracaso de una burguesía nacional, buscando establecer una dependencia financieramente nutrida. Que en estos momentos el gobierno busque apoyarse en la burguesía industrial, en un proyecto político distinto, de ninguna manera hace retroactivo el mecanismo a los años del proceso. Es cierto que este proceso, por su naturaleza pluralista, no dejó de promover desde sus mecanismos financieros al sector industrial manufacturero y exportador, pero ello más bien señala los límites de su carácter de "revolución nacional", todavía lejos de ser una "revolución socialista", pero según nuestro convencimiento en camino a serlo. Quienes reclaman al proceso peruano opciones más radicalizadas, olvidan que el poder militar trabajaba los cambios buscando el mínimo costo social, no recurrir a la violencia y evitar una ruptura desequilibradora del país. La Fuerza Armada había identificado la defensa nacional con el desarrollo nacional, a través de una vía de cambio no capitalista ni comunista. Esos eran los límites, pero también las posibilidades, y en la dinámica de los cambios, y de las fuerzas sociales que los encarnaban, el proceso de una revolución estaba abierto.

El calificativo de "corporativista" es el que más se ha reiterado en los medios académicos al analizar la revolución peruana. Se ha llegado a decir que el social-estatismo de México, el autoritarismo capitalista de Brasil y el "nasserismo militar del Perú", son "ramas del mismo árbol corporativista". Supongo que este árbol no deja ver el bosque, ya que tales ramas son un híbrido de fórmulas claramente dispares. Otro autor piensa que el corporativismo es una suerte de fatalidad histórica en América Latina, que se remonta a su forma "ibérico-latina", desde su origen romano, y que ello explica el que estos países fueran poco sensibles a las "virtudes de la Reforma protestante": el apogeo del capitalismo, la revolución científica y el desarrollo social de formas políticas en sociedades más democráticas. Pero olvida que estas virtudes de la cultura hegemónica suponían, precisamente, la dependencia sobre las culturas periféricas; y la práctica desnacionalizadora del imperialismo en sociedades coloniales, en las cuales los regímenes republicanos y demo-liberales no representaban a sus naciones. De este modo, el calificativo de corporativista no sólo parece servir para las reformas de una revolución sino también para las dominaciones internas de la dependencia.

El hecho es que un ejército latinoamericano decidió iniciar una revolución, y las explicaciones para ello están en la conciencia nacional y política que había ganado a sus promociones jóvenes. El ejército venía probando esa conciencia desde antes de 1968, cuando analizaba los problemas nacionales y las leyes mediatizadas de los últimos regímenes, incluso militares. Es poco sabido que en Inteligencia del Ejército se elaboró un proyecto de Ley de Reforma Agraria, que el presidente Belaúnde guardó escandalizado. Cuando en su estrategia de la defensa nacional, el ejército peruano desplazó del primer lugar de las amenazas al comunismo y puso en cambio al subdesarrollo, asumía el cambio central de su visión del país.

Se ha dicho que el ejército peruano es uno de los más profesionales de América Latina. También es otras cosas: es, por ejemplo, un mecanismo de educación permanente. Yo, que soy sensible a este tema, al conocer a generales peruanos, como el general en retiro Juan Bossio Collas, un temprano y formidable luchador, uno de los fundadores del Partido Demócrata Cristiano, quien condujo la expropiación de Marcona y fue presidente de Hierro-Perú, cargo al que pronto renunció al no poder aceptar la negociación concesiva que se planteó; o como el general Luis Uzátegui, que fue jefe del SINAMOS del Cuzco, uno de los oficiales más valiosos del ejército por su entereza, jefe después de ORDEZA y también un militar de arraigo popular; o como el general Ramón Miranda Ampuero, Ministro de Educación, y uno de los oficiales más cultivados que conocí; y tantos otros oficiales de distinto rango, y sin tener yo tantos amigos militares como mis compañeros de SINAMOS o de CONAPS, al conocerlos no me era posible compartir imágenes estereotipadas y vulgares acerca del militar peruano. Y llegué a

132

pensar que en una sociedad como la peruana un hombre que a los 45 años seguía educándose era, en primer lugar, un privilegiado; y, en segundo lugar, estaba obligado a una responsabilidad social de servicio. Para mí, estos militares encarnaban una especie de vida peruana realizada: al revés de nosotros los intelectuales, no requerían cuestionar la experiencia nacional que les tocaba, las limitaciones condicionantes para una personalización, pues su profesión les permitía una inserción práctica en las realidades vivas del país. El proceso revolucionario era, por ello, un mecanismo de legitimación de la vida militar en términos nacionales. Es claro que en todo esto está presente la base económica que permitía el desarrollo de las instituciones armadas y su compleja programación educativa. Las escuelas de oficiales vienen produciendo administradores, técnicos, economistas, a un ritmo que los problemas de la Universidad peruana impide igualar. Además, los dos años de investigaciones en el Centro de Altos Estudios Militares, al que concurren oficiales del rango de coroneles de las tres armas, es uno de los mecanismos de ascenso. La educación, pues, es una práctica institucionalizada en la profesión militar. No es casual tampoco que sus centros de estudio contasen, por lo general, con equipos académicos del primer nivel. Es cierto, por otra parte, que fuera de la capacidad y calidad de las personas, los militares tienen otros rasgos propios de su trabajo y de sus mecanismos institucionales. La fuerte tendencia burocrática es sin duda el más limitativo. Y, naturalmente, en los cuarteles, como en la viña del Señor, había de todo, también manipuladores, autoritarios, deshonestos. Pero, en cualquier balance, la contribución militar a la vida peruana en estos años no tiene parangón en la historia nacional; a pesar de sus limitaciones y frustración.

Y, sin embargo, me pregunto ahora, un ejército que fue capaz de realizar su propia transformación, y de iniciar un proceso de cambios, ¿puede simplemente pasarse al bando contrario y desandar el camino? Los conflictos sociales ¿no se traducen también en su interior? Es cierto que el aparato

133

estatal, que en diversas ramas tendía peligrosamente a auto-nomizarse, convirtiéndose en un poder de arbitraje, tiene por ahora el control de las decisiones, o por lo menos las condiciona; pero las propias contradicciones internas de un proyecto neocapitalista son una situación sin desenlace nacional; y en los plazos que se acortan para el gobierno militar, el espacio político de competencia puede regenerarse y otras alternativas de concurrencia pueden presionar su ingreso en un plano protagónico. De cualquier modo, es un hecho que las Fuerzas Armadas seguirán cumpliendo en el Perú un papel político. Veremos hasta qué punto será o no contrario a las necesidades de las mayorías del país.

9

Si es cierto que la medida de lo posible define a la política para el político vocacional, quizá para el intelectual la define la medida de lo deseable. Su política es por ello polémica, y un reclamo al poder por las pruebas de su legitimidad, que sólo pueden ser las de su conversión social; y es así que su función política pertenece al orden de la crítica. Hay épocas, es verdad, en que el horizonte de lo posible parece ensancharse en las liberaciones deseadas. Y en que el trabajo intelectual parece otra forma de una conciencia mayor, nutrida por las fuerzas sociales que conforman una estructuración del sentido nacional. Son tal vez momentos breves y privilegiados, que nacen de otros de larga elaboración. Es así como el trabajo de José Carlos Mariátegui está inserto en las fuerzas sociales que generaron la conciencia crítica moderna del país; y por ello su obra presupone a la de José María Arguedas, en la cual están vivas las confluencias y disyunciones de una sociedad movilizada por grandes tensiones y desgarramientos; y en ese discurso la conciencia nacional dramáticamente se reconoce. De otro modo, en otra respuesta, la desmoralización de los años 50, de la dictadura de Odría, encuentra su elaboración en las novelas de Mario Vargas Llosa, como el espectáculo de la degradación nacional: en estas novelas el Perú es imposible, y la vida peruana no puede sino descreer de sí misma. Versión que se corresponde con la teoría de un Perú defectivo, elaborada por Augusto Salazar Bondy; la cual nos dice que la dependencia nos hace ilegítimos pues vivimos una impostura y carecemos de normas propias de autentificación.

Y en la década del 70, en nuevas y no menos vivas convergencias, el Perú que experimenta la crisis de su marco capitalista y la movilización popular de las fuerzas sociales concurrentes, es un país que trabaja y produce las formas de una respuesta que busca contradecir a los sistemas dominantes; formas que de alguna manera contaminan y dinamizan al nuevo trabajo intelectual y creativo. La fuerza de la imaginación recusatoria, el habla de los sentidos, la exploración crítica, son el nuevo relato peruano de un drama de la impugnación. Las apelaciones y las respuestas de la práctica social y de la imaginación peruanas actúan como los materiales de una conciencia sublevada, que en los últimos años reconoció su poder y su deseo.

La expresión intelectual, desde distintos repertorios, traduce así el discurso de una experiencia latinoamericana que se transforma desde sus fuerzas sociales constitutivas, desde la zozobra de sus condicionamientos, trabajando los caminos de su realización.

ÍNDICE

Este libro se acabó de imprimir el
día 30 de septiembre de 1978 en los
talleres de *Fuentes Impresores, S. A.,*
Centeno 109, México 13, D. F. Se
imprimieron 5 000 ejemplares y en su
composición se emplearon tipos de
11:12, 10:11 y 8:9 puntos Times
Roman. Cuidó la edición el autor.

Nº   3313

FONDO DE CULTURA ECONÓMICA

TIERRA FIRME

Aguirre Beltrán, Gonzalo. *La población negra en México.*

Astuto, Philip Louis. *Eugenio Espejo (1747-1795) reformador ecuatoriano de la Ilustración.*

Benítez, Fernando. *La ruta de Hernán Cortés.*

González, José Luis. *Literatura y sociedad en Puerto Rico.*

Manley, Michael. *La política del cambio.*

Miró Quesada, Francisco. *Despertar y proyecto del filosofar latinoamericano.*

Ortega y Medina, Juan A. *La evangelización puritana en Norteamérica.*

Ronfeldt, David. *Atencingo.*

Zavala, Silvio. *La filosofía política en la conquista de América.*

BIBLIOTECA AMERICANA

Barbosa, Ruy. *Cartas de Inglaterra.*

Carvajal, Gaspar de. *Relación del nuevo descubrimiento del famoso Río Grande de las Amazonas.*

Casas, Bartolomé de las. *Tratados.*

Cruz, Sor Juana Inés de la. *Obras completas.* I. *Lírica personal.*

Cruz, Sor Juana Inés de la. *Obras completas*. II. *Villancicos y letras sacras*.

Cruz, Sor Juana Inés de la. *Obras completas*. III. *Autos y loas*.

Cruz, Sor Juana Inés de la. *Obras completas*. IV. *Comedias, sainetes y prosa*.

Chimalpahin Cuauhtlehuanitzin. *Relaciones originales de Chalco Amaquemecan*.

Martínez, José Luis. *Nezahualcóyotl. Vida y obra*.

Olmedo, José Joaquín de. *Poesías completas*.

Ruiz de Alarcón, Juan. *Obras completas*. I. *Teatro*.

Ruiz de Alarcón, Juan. *Obras completas*. III. *Teatro*.

HISTORIA

Beck, Hanno. *Alexander von Humboldt*.

Brading, D. A. *Mineros y comerciantes en el México borbónico (1763-1810)*.

Corti, Egon Caesar. *Maximiliano y Carlota*.

Costeloe, Michael P. *La primera república federal de México (1824-1835)*.

Cumberland, Charles Curtis. *La revolución mexicana*.

Curtis, Lewis Perry. *El taller del historiador*.

Duby, Georges y Mandrou, Robert. *Historia de la civilización francesa*.

Fagen, Patricia W. *Transterrados y ciudadanos.*

Hanna, Alfred Jackson y Hanna, Kathryn Trimmer (Abbey). *Napoleón III y México.*

Kahler, Erich. *Historia universal del hombre.*

Lanusse, Jean Efrem. *Los vencidos del 5 de mayo.*

Pirenne, Henri. *Historia de Europa. Desde las invasiones al siglo xvi.*

Rama, Carlos M. *La crisis española del siglo xx.*

Ranke, Leopoldo von. *Historia de los papas.*

Roeder, Ralph Leclerc. *Hacia el México moderno. Porfirio Díaz.* 2 vols.

Roeder, Ralph Leclerc. *Juárez y su México.*

Sarrailh, Jean. *La España ilustrada de la segunda mitad del siglo xviii.*

Scholes, Walter Vinton. *Política mexicana durante el régimen de Juárez, 1855-1872.*

Sims, Harold D. *La expulsión de los españoles de México (1821-1828).*

Turner, Ralph Edmund. *Las grandes culturas de la humanidad.* 2 vols.

DATE DUE